D1986020

Anleitung für erfolgreiche Verkaufsgespräche

Sascha Kronberg

Anleitung für erfolgreiche Verkaufsgespräche

Der ultimative Leitfaden für Neukundengewinnung von der Kaltakquise bis zum Abschluss

1. Auflage

Haufe

Bibliografische Information der Deutschen Nationalbibliothek

Die Deutsche Nationalbibliothek verzeichnet diese Publikation in der Deutschen Nationalbibliografie; detaillierte bibliografische Daten sind im Internet über http://dnb.dnb.de/ abrufbar.

Print:	ISBN 978-3-648-19262-7	Bestell-Nr. 12251-0001
ePub:	ISBN 978-3-648-19263-4	Bestell-Nr. 12251-0100
ePDF:	ISBN 978-3-648-19264-1	Bestell-Nr. 12251-0150

Sascha Kronberg
Anleitung für erfolgreiche Verkaufsgespräche
1. Auflage, August 2025

© 2025 Haufe-Lexware GmbH & Co. KG
Munzinger Str. 9, 79111 Freiburg
www.haufe.de | info@haufe.de

Bildnachweis (Cover): © designer491, iStock

Produktmanagement: Bettina Noé

Dieses Werk einschließlich aller seiner Teile ist urheberrechtlich geschützt. Alle Rechte, insbesondere die der Vervielfältigung, des auszugsweisen Nachdrucks, der Übersetzung und der Einspeicherung und Verarbeitung in elektronischen Systemen, vorbehalten. Der Verlag behält sich auch eine Nutzung des Werks für Text und Data Mining im Sinne von § 44b UrhG vor. Alle Angaben/Daten nach bestem Wissen, jedoch ohne Gewähr für Vollständigkeit und Richtigkeit.

Sofern diese Publikation ein ergänzendes Online-Angebot beinhaltet, stehen die Inhalte für 12 Monate nach Einstellen bzw. Abverkauf des Buches, mindestens aber für zwei Jahre nach Erscheinen des Buches, online zur Verfügung. Ein Anspruch auf Nutzung darüber hinaus besteht nicht.

Sollte dieses Buch bzw. das Online-Angebot Links auf Webseiten Dritter enthalten, so übernehmen wir für deren Inhalte und die Verfügbarkeit keine Haftung. Wir machen uns diese Inhalte nicht zu eigen und verweisen lediglich auf deren Stand zum Zeitpunkt der Erstveröffentlichung.

Inhaltsverzeichnis

Vorwort

Hey, angehender Sales Insider!

Wir kennen uns zwar noch nicht – aber das wird im Laufe dieses Buches schon noch werden. Ich darf mich Dir also vorstellen? Ich bin Sascha – geborener Verkäufer, lebenslanger Student des Lebens, Sales Mentor und Konsument aus Leidenschaft – denn wir verkaufen uns alle, ob wir nun versuchen, im Unterricht zu überzeugen oder beim ersten Date einen guten Eindruck zu hinterlassen. Ich halte es gerne wie IKEA: Keep it simple and stupid. Ich stamme aus der Generation Golf, das waren die, die noch ohne Handy groß geworden sind.

Bitte sieh es mir nach, dass ich keine Gendersternchen verwende. Wenn ich in diesem Buch von Kunden, Verkäufern oder Entscheidern spreche, dann sind damit selbstverständlich alle Menschen gemeint – unabhängig von Geschlecht oder Identität. Der Einfachheit halber verwende ich Begriffe wie Kunde, Zielkunde oder Interessent, wenn potenzielle Neukunden gemeint sind. Dabei hat die verkürzte Sprachform nur redaktionelle Gründe und beinhaltet keine Wertung.

Dieses Buch richtet sich in erster Linie an Vertriebler im B2B-Geschäft, die unter erschwerten Bedingungen telefonisch oder im Videocall mit Kunden zu tun haben. Ich sage deswegen »erschwert«, weil es um ein Vielfaches einfacher ist, zum Kunden zu fahren, sich bequem in sein Büro zu setzen, die Umgebung nach Hinweisen abzusuchen und dann bei einer schönen Tasse Bohnenkaffee den Beratungskoffer auszupacken. Der aktive Verkauf am Telefon – auch als Telesales oder Inside Sales bekannt – stellt ganz eigene Anforderungen. Wer sich hier souverän bewegt, zählt zu den sogenannten Sales Insidern: Profis, die ihr Handwerk verstehen. Die in diesem Buch vorgestellten Gesprächstechniken sind jedoch nicht auf das Telesales beschränkt – sie funktionieren ebenso im direkten Gespräch, Face-to-Face, denn auch Außendienstler führen Verkaufsgespräche und können wahre Sales Insider sein.

Woher meine Vertriebserfahrungen kommen? Ein bedeutender Teil stammt aus meiner Zeit in einem renommierten Unternehmen, das auf Wirtschaftstreffen spezialisiert ist – bekannt als Branchenpionier intensiver Kaltakquise. Viele haben es da nicht lange ausgehalten. Es war aber die beste Schule für den Verkaufserfolg: Wer dort überlebt, weiß, wie Verkaufen geht. Dieser berufliche Abschnitt in der »Cold-Calling-Hölle« prägt mich bis heute! Darum habe ich dieses Buch geschrieben, mit dem Du zu einem echten Sales Insider wirst.

Um Dir die Inhalte näherzubringen, lasse ich Dich an Schlüsselsituationen meines Verkäuferlebens teilhaben. Die Abschnitte, die mit »Storytime« gekennzeichnet sind, sind persönliche Erfahrungsberichte, die Techniken in der jeweiligen Anwendung wiedergeben und parallel die Arbeitswelt eines Hochleistungsvertrieblers zeigen. Diese Geschichten sind für das Verstehen der Methoden nicht zwingend notwendig, liefern jedoch wertvollen Kontext. Du bekommst eine erprobte Schritt-für-Schritt-Anleitung, mit der Du Deine Verkaufsgespräche gestalten kannst – vom Cold Call über den Discovery Call und Sales Call bis zum Abschluss.

Begleite mich gerne ein Stück weit durch meine Vergangenheit! Ich wünsche Dir dabei viele Aha-Momente und neue Erkenntnisse, die Du in Dein Repertoire aufnehmen kannst, um Deine Verkaufsziele zu erreichen und ein Sales Insider zu werden.

Sascha
Berlin, Mai 2025

Storytime: Prolog

Leichtsinn und Torheit sind Nachbarn.
Deutsches Sprichwort

Wie bin ich in der Kaltakquise gelandet? Nun, es kommt eher selten vor, dass jemand freiwillig bei einem deutschen Automobilkonzern aufhört, um einen Job zu machen, der auch gut zum »Wolf of Wall Street« gepasst hätte. Denn das Verkäuferleben in der Autowelt war bequem und machte viel Spaß. Es war nicht immer alles Gold, was glänzte, aber dafür fuhr ich als junger Mensch einen Dienstwagen, den ich mir privat nicht hätte leisten können. Auch fiel es mir nicht schwer, andere Menschen von der Marke und dem Produkt zu begeistern.

Mein beruflicher Weg hätte so weitergehen können – doch dann sollte sich im sechsten Jahr meiner Karriere auf einmal alles ändern. Irgendwie steckte ich im Job fest. Wenn es um Aufstiegschancen ging, musste ich mitansehen, wie weit weniger talentierte Verkäufer, dafür aber solche mit dem richtigen »Stallgeruch« (so nennt man das in Bayern, wenn jemand Protegé-Status hat), an mir vorbeizogen. Ich war nie ein Zocker oder Revoluzzer, der es anderen beweisen musste. Man mochte trotzdem nicht auf meine Verkaufszahlen verzichten und vertröstete mich lieber. Meine Schwachstelle war, dass ich zu allem Ja sagte, wenn man wusste, welche Knöpfe man drücken musste. Offen für neue Ideen, ließ ich mich schließlich auf ein Geschäftsmodell eines Bekannten ein. Es war ein teures Lehrgeld: Meine Ersparnisse der letzten zehn Jahre waren auf einen Schlag verloren. Ich hatte daraufhin die Wahl, im Autogeschäft zu verharren und mich die nächsten Jahre von Brot und Wasser zu ernähren – oder die Reißleine zu ziehen und zu versuchen, meiner beruflichen Karriere einen Schubs zu geben.

...

Obwohl ich schon während meiner Zeit im Automobilgeschäft Angebote von anderen deutschen Automarken bekommen hatte, sah ausgerechnet meine Mutter die englische Jobanzeige eines internationalen Kongressveranstalters in der Berliner Morgenpost. Sie hatte beim Lesen der Firmenbeschreibung internationale Wirtschaftsgipfel wie denjenigen in Davos vor Augen, internationales Parkett. Vielleicht sogar mit dem Segen und in Zusammenarbeit mit der UNO oder der Europäischen Union? Meine Mutter sah mich schon in wichtiger Position mit den Führern der Weltkonzerne plaudern.

Die überschwängliche Begeisterung, die sie für die Stellenausschreibung empfand, färbte auf mich ab. Kurzerhand bewarb ich mich und wurde nach eingehender Prüfung als Sales Executive angestellt – wie fast jeder Kandidat. Nahezu alle waren Quereinsteiger: Lehrer oder Studienabbrecher, Menschen mit kaufmännischer Ausbildung, Maurer oder Kellner. Aufgrund meiner Verkaufserfahrung wurde ich einer speziellen Verkaufsmannschaft zugeteilt und zur Einarbeitung ins Büro nach Amsterdam geschickt.

...

Nach sechs erfolgreichen Jahren als Autoverkäufer stand ich nun mit einer Gruppe »Frischlingen« zur Einarbeitung im »Kerker« der holländischen Niederlassung meines neuen Arbeitgebers in Amsterdam. Das alte Backsteinhaus bestand aus einem Erdgeschoss mit einem dunklen Souterrain, der spaßeshalber »Dungeon« genannt wurde. Es gab nur eine schmale Fensterreihe zur Gracht und es herrschte keinerlei Luftzirkulation. Mehr als sechzig Verkäuferkollegen waren in dieser Etage an unterschiedlichen Tischinseln verteilt.

Jason, der respekteinflößende General Manager, führte uns Neue durch sein Reich. Ich gehörte zu einer Gruppe von zwölf neuen Kollegen, die heute ihren ersten Tag hatten, war jedoch der Einzige für die Berliner Niederlassung. Das gesamte Büro sprühte vor Energie und Stimmengewirr. Menschen positionierten sich an Tischinseln und führten laute Verkaufsgespräche am Telefon. Einer stand auf einem Schreibtisch und gestikulierte wild mit einer Hand, während seine andere den Hörer fest ans Ohr presste. Andere liefen beim Telefonieren umher und erzeugten noch mehr Wärme. Die Hemden waren verschwitzt, die Krawatten gelockert, Anzugsjacken hingen über den Stuhllehnen. Hier waren alle wie in einer Bank gekleidet, obwohl sie ausschließlich am Telefon mit Kundschaft kommunizierten.

Wir machten zwei Schritte in den Raum und ich dachte, jemand hätte ein Radio unter dem Tisch vergessen. Wurden da nicht die Nachrichten vorgelesen? Aber es war nur Elliot, ein Kollege aus Manchester, der versuchte, den Lärm um sich herum auszublenden, während er seine »Greatest Hits of Benefits« als Sales Pitch runterrasselte. Alle Telefone hatten Kabel und Hörer, somit war der Bewegungsradius vorgegeben. Eine Unterhaltung in normaler Lautstärke war unmöglich. Man musste fast brüllen, um sich zu verständigen. Überall stapelten sich Papierberge, Computer sah man wenige. Die Geschäfte gingen hautsächlich analog vonstatten. Der Heilige Gral war ein Faxgerät in der Ecke, das unterschriebene Verträge der Kunden ausspuckte.

Nicht alle Kollegen machten ein freundliches Gesicht, als sie uns am Fuße der Treppe erblickten. Jason erklärte uns mit stark gehobener Stimme, dass der »Dungeon« für uns in Zukunft tabu sei. Hierhin komme nur, wer es sich verdient habe. Er blickte in unsere staunenden Gesichter, lachte und führte uns zurück in den großen Besprechungsraum im Erdgeschoss, wo das Onboarding-Training stattfinden sollte. Die Stimmen des Sales Floors kamen nur gedämpft herein.

...

Das Geschäft bestand zu 99 Prozent aus Kaltakquise. Ein CRM-System oder zentrale Kundendatenbank? Fehlanzeige. Jeder Kollege hütete seine Kontakte wie einen Schatz. Unsere Lehrer waren die erfolgreichen Teamleader und Verkäufer, die sich bei unterschiedlichen Themen abwechselten. »Lerne, die richtigen Knöpfe Deiner Kunden zu finden, die Du drücken musst«, erklärte uns Mike, der aus dem »Dungeon« zu uns hochkam.

Mir war ein wenig bange, Kaltakquise war nichts für jedermann. Nach der ersten Woche Einarbeitung schienen mir hier nicht nur Millionäre herumzulaufen. Vielleicht musste man einfach daran glauben – oder es gleich bleiben lassen. Obwohl mein bester Freund Helge mir den Job wochenlang ausreden wollte – und fragte, ob ich wirklich zweimal so naiv sein könne – hatte ich mich entschieden. Was soll's, Augen zu und durch.

Die ersten Monate verbrachte ich im »Dungeon« bei den großen Jungs im Keller. In dem Wirrwarr der Kollegen, die teure und exklusive Veranstaltungen verkauften, befand sich etwas abgeschirmt die Tischinsel des Sponsorship-Teams. Das Team wurde von Pete geleitet, der mir die wichtigsten organisatorischen Regeln und Abläufe erklärte. Mein Teamkollege Mike, Brite und ehemaliger Soldat mit zwei Metern Körpergröße, begrüßte mich mit einem Glucksen in der Stimme: »Hat man Dich tatsächlich nicht gleich wieder nach Hause geschickt! Willkommen im Dungeon! Mache, was ich mache, dann wird das schon!«

An meinem dritten Tag war ich im Follow-up mit dem Geschäftsführer eines investorenfinanzierten Internetunternehmens. »Hallo, Herr Kronberg, wir haben uns für eines Ihrer Pakete entschieden. Wir nehmen das in der Mitte, das Fünfzehntausender-Paket, zusammen mit der Keynote am zweiten Tag.« Mein Atem stockte, das klappte ja wirklich! Ich musste die Zahl nochmals langsam in Gedanken aussprechen, um es zu glauben. »Ja, gut. Ich sende Ihnen die Bookingform per E-Mail, die müssten Sie heute bitte unterschrieben zurücksenden. Meine Kollegin Beate wird sich im Anschluss mit Ihnen in Verbindung setzen, um die Details zu Ihrer Keynote durchzusprechen.«

Ich saß nach dem Auflegen erst mal nur da. Mike und die anderen waren in eigene Gespräche vertieft, während rundherum das Stimmengewirr der Kollegen laut durch den Raum hallte. Das behalte ich erst mal für mich, dachte ich, denn ich wollte es nicht verschreien. Im Keller war es brütend heiß, aber ich beschloss, trotzdem einen kühlen Kopf zu bewahren und mir nichts anmerken zu lassen. Beiläufig schlenderte ich zu einem unserer PCs und öffnete die DIN-A4-Vorlage für die Anmeldung mit viel kleinem Text. Die Schriftgröße hatte die Punktgröße 8, damit selbst die AGB auf die eine Seite passten. Ich klickte im Word-Dokument umher und tippte die Details des Sponsors ein. An einer Stelle hielt ich inne und schaute mich im »Dungeon« um. Mir fehlte die fortlaufende Buchungsnummer, die eigentlich auf dem Whiteboard an der Wand hinter mir stehen sollte. Aber da war sie nicht.

»Mist!«, flüsterte ich. »Pssst, Mike!«
»What's up?« Mike machte sich Notizen gerade zu dem letzten Gespräch, das er lautstark beendet hatte, indem er den Hörer auf die Gabel geknallt hatte.
»Was war die letzte Buchungsnummer?«, fragte ich ganz unschuldig.
»Wieso? Machst Du gerade einen Deal?« Mike zuckte und ließ damit den Tisch, an dem er saß, gegen meinen jetzt leeren Schreibtisch krachen. Er warf mir einen Blick zu, der eine Mischung aus Erstaunen und Futterneid verriet. Dabei spannte er schlagartig seine Muskeln an, bereit wie eine Sprungfeder.
»Well, was wäre, wenn? Ich möchte es aber noch niemanden verraten, bis es unterschrieben zurück ist.«
»Wait – ich komme rüber!« Sein Stuhl knallte mit Schwung nach hinten gegen die Wand, sein Jackett verhakte sich dabei in einer der Rollen des Stuhls und gab einen ätzenden Laut von sich. Mit einem Satz stand der Hüne hinter mir und scannte das Anmeldeformular auf dem flimmernden Bildschirm. »Wow, fifteen k! Hey, Pete! Sascha is getting a deal!«, brüllte er über den Lärm des Büros hinweg.

Ich verzog mein Gesicht. Das war genau das, was ich hatte vermeiden wollen. Pete und Mike dirigierten mich durch das Formular. Nach vielen nervösen Tippfehlern klickte ich endlich mit feuchten Fingern auf Senden. Jetzt musste ich nur noch warten und hoffen, dass meine Stoßgebete erhört wurden und schnell das Faxgerät klingeln würde.

»Call him!« Pete sprach in knappen Sätzen. »Hol den Deal nach Hause!«

Ich konnte kaum still sitzen. Nach einem kurzen Gespräch mit der Assistentin konnte es nicht mehr lange dauern. Kurz darauf klingelte das Faxgerät. »Booooooooking!«, rief Mike uns zu, wobei er das »o« langzog und mit der Stimme immer höher kam. Grinsend übergab er mir das unterschriebene Anmeldeformular. »Das sind die ersten 1.500 Euro Provision in diesem Monat – one deal of many! Congratulations!«

Teil 1 – Hebel und Hürden im Kaufprozess

1 Die Komfortzone Deines Kunden

Abb. 1: Kapitelnavigation Kapitel 1

1.1 Das Ende des Informationsvakuums

Der Verkäufer ist tot, es lebe der Verkäufer! Mitte des 19. Jahrhunderts erhielt Druckermeister Ernst Litfaß vom Polizeipräsidenten Karl-Ludwig Hinckeldey die Genehmigung, in Berlin »Annoncier-Säulen« aufzustellen, um Nachrichten zu publizieren und Werbeplakate zu aufzuhängen. Die Litfaßsäule wurde neben der Tageszeitung zu einer der beliebtesten Informationsmedien. Doch seit der uneingeschränkten Verfügbarkeit von Informationen durch das Internet sind Unternehmen nicht mehr auf das Herantragen von Innovationen angewiesen. Fachentscheider in wichtigen Positionen informieren sich selbst, bevor sie Investitionen planen und bevor sie auf mögliche Anbieter zugehen. Ist damit der Beruf des Verkäufers obsolet? Nein, denn auch wenn wir in einer Self-Service Economy angekommen sind, hat das heutige System eine große Schwäche: Wenn alle Unternehmen um die Aufmerksamkeit neuer Kunden buhlen müssen, kommt es zu einer Informationsüberflutung, wo Grenzen zwischen Wichtigen und Unwichtigen aufweichen. Genau hier liegt wiederum das Problem für den Werbetreibenden: Auf jedem Kanal wird man von Angeboten und Nachrichten bombardiert. Noch vor dem Frühstück schaue ich mir die bis dahin eingegangenen E-Mails und Newsletter an. Jeden Morgen checke ich meinen Kalender und gehe auf LinkedIn, Facebook, Instagram oder checke neue Posts und Benachrichtigungen. Auf N-TV laufen die Nachrichten. In der WhatsApp-Gruppe meiner Hausgemeinschaft ist ein Nachbar auf der Suche nach seinem Amazon-Paket. Diverse Apps für mein Telefon senden mir Push-Mitteilungen. Google macht mich darauf aufmerksam, wie viele Besucher gestern auf meiner Website waren. Meine Finanzbuchhaltung ruft an und erinnert mich an die Abgabe der Reisequittungen des Vormonats.

Das Grundrauschen über alle Kanäle hinweg hält mich ganz schön auf Trab. Schließlich habe ich nur ein Gehirn – und Multitasking gehört nicht zu meinen größten Stärken. Manche Nachrichten sind nicht mehr als Hinweise, die ich ignorieren kann, manche verlangen meine sofortige Aufmerksamkeit. Um mich besser auf meine Aufgaben des Tages zu fokussieren, schalte ich den Fernseher aus und ich schließe die sozialen Netzwerke.

Sicherlich geht es Dir ähnlich und so kannst Du die »Freude« Deiner Leads nachvollziehen, wenn Du versuchst, das ohnehin schon laute Hintergrundrauschen einfach mit noch mehr Lautstärke zu übertönen. Da mehr digitale Nachrichten nicht mehr Aufmerksamkeit bedeuteten und Spam-Filter aus diesem Grund erfunden wurden, siegt der authentische fachliche Austausch über jedes uninspirierte Verkaufsgespräch. Herzlichen Glückwunsch – Du bist auf dem richtigen Weg! Eine echte Beziehung ist durch nichts zu ersetzen. Das braucht Zeit und Einsatz – aber irgendwo muss man anfangen. Vorbei sind die Zeiten, in denen Du mit großartigen Produktfeatures punkten konntest. Vergiss das Gießkannenprinzip – und setzte auf Klasse statt Masse.

Die ewig Gestrigen

Klar ist: Jeder Kunde tickt anders – daher greifen pauschal geführte Kundenansprachen schnell ins Leere. Trotzdem erlebt man immer noch Gespräche, bei denen man denkt: Gleich klappt der Verkäufer noch den Overheadprojektor aus. Warum halten so viele noch an Methoden fest, die schon vor fünfzig Jahren grenzwertig waren? Vielleicht, weil »Das haben wir schon immer so gemacht« in manchen Köpfen eine legitime Begründung ist.

Ich denke, wir können voraussetzen, dass unsere Zielkunden sich mit der Sachlage und ihren Herausforderungen beschäftigen und diese nach Relevanz und Wichtigkeit priorisieren. Im Rahmen unserer Kundenakquisition stoßen wir demnach meist auf eine von drei Situationen:

1. Kaufinteressenten, die ein Problem erkannt haben und selbst agieren

Kunden, die vor einer größeren Herausforderung stehen, informieren sich selbstständig im Internet. Dabei spielen nicht nur Bewertungen anderer Nutzer eine Rolle, viele bilden sich eine Meinung, noch bevor sie mit Dir oder Deinem Unternehmen in Kontakt treten. Bevor ich mich für ein bestimmtes Produkt oder Service entscheide, sehe ich beispielsweise unzählige Videos auf YouTube und lese Bewertungen auf Vergleichsportalen. Nach dieser Vorauswahl der Anbieter kontaktiere ich dann nur noch eine engere Auswahl, um mich im Detail beraten zu lassen. Meine Motivation ist es, das beste Tool für meinen Bedarf zu finden, und nicht auf das falsche Pferd zu setzen. Du als Verkäufer triffst auf informierte Interessenten, die nicht nur gewisse Detailkenntnisse Deines Produktes besitzen, sondern sich auch mit den Produkten Deiner Konkurrenz besser auskennen, als Dir lieb ist. Du musst in der Lage sein, ein Gespräch auf Augenhöhe zu führen, und gute Produktkenntnisse Deiner Wettbewerber besitzen. In der eingehenden Anfrage (zur besseren Unterscheidung nenne ich es nicht Discovery Call) lernst Du Deinen Zielkunden und seinen Bedarf kennen und kannst Dich mit Deinen Alleinstellungsmerkmalen von der Konkurrenz abzugrenzen.

2. Zielkunden, die Deine Lösung »kennen« aber keinen Grund zum Handeln sehen

Das von Dir zu lösende Problem hat nicht genügend Relevanz und schafft es nicht auf die vorderen Plätze der Prioritätenliste. Deine Vision von dem gelösten Problem verfügt nicht über genügend Mehrwert, um den Kunden dazu zu bewegen, alles andere stehen und liegen zu lassen. Nur weil Du beispielsweise das schnellste System auf dem Markt hast, heißt es nicht automatisch, dass Dein Kunde daraus einen Vorteil zieht. Du kannst nur erfolgreich sein, wenn Du die Relevanz des zu lösenden Problems umgehend vermittelst. Ein Pitch mit den üblichen »Greatest Hits« und Highlights wird Dich hier nicht weiterbringen. Deine Aufgabe ist es, den Kunden zum Nachdenken zu bewegen. Im ersten Gespräch, entweder in der Kaltakquise oder bei Bestandskunden, sollte das Ziel sein, das Mindset Deines Gegenübers zu ändern und im Gespräch zu bleiben.

3. Unternehmen, die bereits eine Lösung im Einsatz haben

Natürlich triffst Du auf Organisationen die bereits ein Problem erkannt und für sich gelöst haben. Entweder nutzen sie eine Lösung der Konkurrenz oder sie haben das Problem durch eine Umstellung der Unternehmensstruktur ausgelagert. Ich brauche zum Beispiel kein besseres System für meine Buchhaltung, da diese von einem Steuerberater erledigt wird. Manchmal sind die Voraussetzungen für eine Lösung nicht gegeben. Du wirst es schwer haben, einen Gesprächspartner davon zu überzeugen, sich erneut mit der Situation auseinanderzusetzen und ihn für eine Alternative zu erwärmen.

Der liebste Kunde

Kunden, die Dich für eine Beratung kontaktieren, sind mit Abstand die beliebtesten und am einfachsten zu konvertierenden Leads. Sie müssen von der Sache an sich nicht überzeugt werden. Dein Marketing sollte sich darum kümmern, dass Deine Vision und Lösung bei den Menschen ankommen, die aktuell auf der Suche sind. Doch oft reicht es nicht aus, abzuwarten, bis das Telefon klingelt oder eine Kontaktanfrage ins Haus flattert. Daher solltest Du doch den ganzen Weg gehen und auch mit Unternehmen sprechen, die Du erst von Deiner Lösung begeistern musst.

Die Komfortzone Deiner Kunden

Die größte Herausforderung in der Neukundengewinnung besteht darin, eine überzeugende Vision zu vermitteln und den Wert der Lösung so zu präsentieren, dass sie sowohl rational als auch emotional überzeugt – und zum Umdenken anregt. Doch genau das scheitert oft an der größten Hürde im Prospecting: der Komfortzone Deiner potenziellen Kunden.

1.2 Stillstand im Gewohnheitsmodus – die Komfortzone

Du hast das Killer-Produkt, das ein großes Problem löst, und Dein Lead am Telefon entspricht genau Deinem Zielkunden. Alles scheint perfekt – und trotzdem will dein Gegenüber keine weiteren Informationen und hat wenig Interesse an einem Verkaufsgespräch? Das kennst Du sicherlich. Denn keiner sitzt vor seinem Telefon und wartet darauf, endlich von einem Verkäufer angerufen und beachtet zu werden. Leider!

Die Wahrheit ist diese: Unsere Zielkunden setzen andere Prioritäten. Dein Problem hat es nicht in das Bewusstsein Deines Gegenübers geschafft. Dein Kunde denkt sich: »Es geht doch bis jetzt auch so, warum jetzt zusätzlich eine weitere Baustelle aufmachen?«

Und zugegeben – mir geht es selbst nicht anders. Letztens rief mich eine Dame an, die mir einen Termin für eine halbstündige Präsentation über die Vorteile einer ausgelagerten Telefonzentrale anbieten wollte. Wozu sollte ich mit ihrem Kollegen eine halbe Stunde lang reden? Darauf hatte ich keine Lust, denn damit wäre es nicht getan gewesen: Danach hätte ich alles noch einmal per E-Mail bekommen, anschließend wären Follow-up-Anrufe erfolgt. Und wenn ich keinen Bedarf gesehen hätte, hätte mich die Firma alle paar Monate wieder angerufen.

Das kostet alles zu viel Zeit und der Mehrwert erschließt sich mir nicht. Da sage ich lieber gleich, dass ich kein Interesse habe. Denn wenn ich ehrlich bin, macht es mir nichts aus, ans Telefon zu gehen, und wenn ich keine Zeit habe, gibt es immer noch die Mailbox. Warum also einen weiteren Service buchen, der mich Geld kostet?

Dieses Dilemma haben viele Verkäuferkollegen, wenn sie auf Kundensuche sind. Kein Wunder, dass rund 90 Prozent aller Telefonate ins Leere laufen.. Nur zehn von hundert Gesprächen erreichen ihr Ziel. Du müsstest jemanden finden, der bereits sein Problem erkannt, aber noch nicht gehandelt hat.

Ich fragte die Dame aus dem obigen Beispiel, warum ich ihren Service nutzen sollte. Sie konnte mir nicht ein einziges passendes Argument liefern und sagte nur: »Es reicht, wenn Sie mir sagen, dass Sie keinen Bedarf haben.« Anscheinend hatte sie noch viele andere Nummern zu wählen und hechtete lieber von Misserfolg zu Misserfolg, um ihre Neunzig-Prozent-Quote zu erfüllen.

Das soll Dir nicht passieren! Daher schauen wir uns jetzt die Zutaten an, mit denen Du Kunden aus ihrer Komfortzone bringst. Denn Menschen folgen immer denselben bequemen Mustern, wenn man sie lässt. Forderst Du sie hingegen heraus, passt sich das Denkvermögen der veränderten Situation an.

Wenn alte Erfahrungen neue Wahrheiten verhindern

Menschen sind darauf konditioniert, andere in Schubladen zu stecken. Dabei speichern wir vergangene Erlebnisse und übertragen diese auf neue Situationen. So entstehen Vorurteile.

Ein Beispiel aus meinem Alltag: Ich bekomme viele Anrufe von Verkäuferkollegen, die mir etwas verkaufen wollen. Ich erkenne solche Gespräche schon nach wenigen Sekunden, eigentlich innerhalb der ersten Sätze. Meistens rolle ich mit den Augen und denke mir: Nicht schon wieder! Aber da es nun mal meine Profession ist, lasse ich ihn sein Sprüchlein aufsagen, sortiere ihn gedanklich zwischen »sehr gut« und »katastrophal« ein und vergleiche sein Angebot mit denen der Anrufer vor ihm. Unseren potenziellen Kunden ergeht es nicht anders. Viel schlimmer: Sie bekommen noch viel mehr Angebote, meist zum selben Fachthema, und reagieren dementsprechend abwehrend auf die unerwünschte Kontaktaufnahme.

Um Kunden aus der Komfortzone zu holen, musst Du anders klingen und anders agieren als all die Verkäufer vor Dir. Im dritten Teil zeige ich Dir die Techniken, um nicht schon nach der Begrüßung in einer Schublade gesteckt und abgewimmelt zu werden (siehe auch Teil 3, Kapitel 8.5).

1.3 Die wichtigsten Faktoren für den Verkaufserfolg

Hier wird es ein wenig trocken, aber nur, um Dir die Situation im vollen Umfang zu erklären. Je nachdem, ob Dein Kunde auf Dich zugekommen ist oder Du den ersten Schritt auf Deinen Zielkunden zugemacht hast, verläuft die Buying Journey des Kunden unterschiedlich. Dein Verkaufsprozess startet mit dem ersten Kontakt, nur könnten die Voraussetzungen gar nicht gegensätzlicher sein.

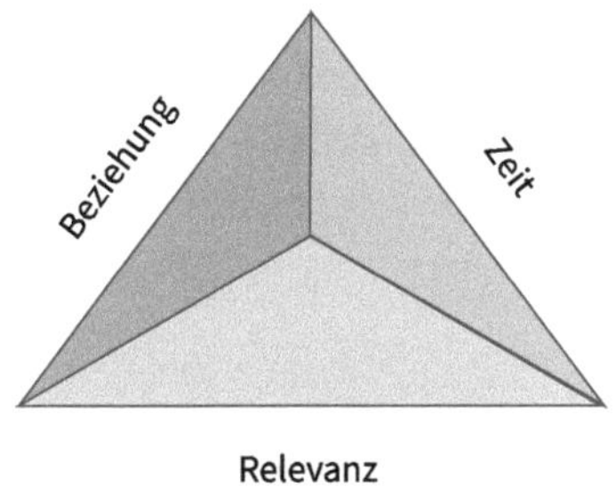

Abb. 2: Das Dreieck der Erfolgsfaktoren im Verkaufsgespräch

Der Erfolg oder Misserfolg des Kaufgesprächs wird durch drei Faktoren bestimmt (vgl. Abb. 2):

- eine bereits etablierte **Beziehung** beziehungsweise Vertrauen in uns als Mensch und/oder Unternehmen:
- den Willen, **Zeit** zu investieren, um mit uns ein Gespräch zu führen,
- sowie die **Relevanz** des Problems und der Mehrwert einer Lösung (je prägnanter, desto detaillierter die Bedarfskonkretisierung).

Hat Dein Kunde bereits den Wunsch einer Beratung zu einem konkreten Problem, dann sind zwei der drei wichtigen Erfolgsfaktoren bereits gegeben (Zeit und Relevanz). Fehlt dieser Impuls jedoch, liegt es an uns, den Kunden dazu zu bringen, seine Situation und die einhergehenden Herausforderungen neu zu betrachten. Lediglich Behauptungen anzustellen, funktionieren dabei nur selten. Unsere Argumente müssen begründet sein – oder besser noch, der Kunde artikuliert diese selbst, indem wir kluge Fragen stellen. Denn alles, was unser Gesprächspartner laut ausspricht, wird für ihn zur Realität. Für uns bedeutet dieser Fakt, dass mit der fortlaufenden Beratung das Vertrauen zwischen Kunde und Verkäufer wachsen sollte. Alle Faktoren bedingen einander, denn je *intensiver* das Vertrauen, desto *detaillierter* der Informationsaustausch. Und je *detaillierter* der Dialog und stärker das Vertrauen in den Berater, desto *ausgeprägter* ist die Möglichkeit der Einflussnahme im Gespräch. Der Verkäufer kann bessere Fragen stellen und geeignete alternative Perspektiven auf den Status quo sowie den anvisierten Mehrwert seiner Lösung aufzeigen.

> **Faustregel:**
> Je **besser** die Kunden-Verkäufer-Beziehung, desto **detaillierter** die Verkaufsgespräche. Je **detaillierter** die Gespräche, desto **stärker ausgeprägte** Einflussnahme ist bei der Bedarfserkennung des Kunden möglich.

Das Gute ist: Beziehungen werden mit der Zeit besser – vorausgesetzt, ich leiste mir als Verkäufer keinen gravierenden Fehltritt. Ich kann also über eine Mehrzahl von Gesprächen hinweg an meiner Wahrnehmung arbeiten und in den Augen des anderen an Sympathie gewinnen. Gelingt es mir jedoch nicht, einen Bedarf zu konkretisieren, sinkt die Detailtiefe der Beratung und zieht unweigerlich die Chancen auf eine intensive Beziehung mit in den Abgrund. Gleiches gilt für den zeitlichen Stress meines Ansprechpartners. Hat der Kunde keine Zeit, länger mit mir am Telefon zu bleiben, werde ich es nicht schaffen, eine gute Beziehung zu entwickeln. Meine Erfolgschancen im Allgemeinen sinken.

Nur wenn ich alle drei Bereiche – Beziehung, detaillierte Gespräche und Bedarfskonkretisierung – beherrsche, kann ich mein Ziel erreichen. Alles fängt mit der Kundenbeziehung an, gefolgt von der umfassenden Beratung bis hin zum konkreten Bedarf oder, besser noch, aktiver Nachfrage. Wenn ich es nicht schaffe, sympathisch zu sein und Vertrauen aufzubauen, werde ich die beiden nachfolgenden Ziele nicht erreichen.

Relevanz und Mehrwert der Lösung eines bekannten Problems

Meldet sich ein Interessent bei Dir und bittet um eine Beratung, so hat er die Relevanz des zu lösenden Problems bereits für sich erkannt und verspricht sich mit der Lösung einen Mehrwert. Im Unterschied dazu bestimmt, wenn Du Deinen Zielkunden kontaktierst, die Relevanz des Problems über die Geduld und die zur Verfügung stehende Zeit. Ich erlebe es tagtäglich: Es gibt Themen, die sind so banal oder irrelevant, dass ich mich damit nicht auseinandersetzen mag. Neulich etwa rief jemand an, um mir Wasserspender für meine Mitarbeiter zu verkaufen – ohne zu wissen, dass wir in unserem Co-Working-Space bereits Wasserspender haben. Dazu gibt es kostenlosen Kaffee, Tee und am Wochenende Bier. Nun kann es sein, dass das Wasser unserer Wasserspender weniger Elektrolyte enthält oder »andere« Marken weitere Vorteile für unsere Bürogemeinschaft hätten. Jedoch reicht mir dieser marginale Mehrwert nicht aus, um mich deswegen mit jemandem zu unterhalten. Ich erkenne vielleicht ein Problem, erachte es aber nicht als lösenswert.

Mit Fragen das Mindset verändern:

In dem Versuch, mich für eine ausgelagerte Telefonannahme zu begeistern, hätte die Dame am Telefon den Nachteil möglicher verpassten Kundenanfragen in den Vordergrund schieben müssen:

»Wie lange ist ein Kunde bereit, auf Ihren Rückruf zu warten?«
»Was ist Ihnen eine Anfrage eines neuen Kunden wert?«
»Wie hoch wäre Ihr verpasster Umsatz?«

Aber da sie dieses Gespräch nicht führte, hat sie mir diese Relevanz nicht aufgezeigt, wodurch sie das verdiente »Nein« kassierte.

Die Bereitschaft des Gesprächspartners, Zeit zu investieren

Es gibt Menschen, die zeitlich sehr stark eingeschränkt sind und daher Prioritäten in ihrem Terminkalender setzen müssen. Oftmals passen Gespräche, die über sachliche Themen hinausgehen, deswegen nicht in ihre Tagesagenda. Auch gibt es sicherlich Menschen, die keinen Sinn und Verständnis für Small Talk haben und lieber rational und ergebnisorientiert durchs Leben gehen. Diese Menschen sind weniger empfänglich für Charisma und Empathie, ihr Geduldsfaden ist meistens eher kurz. Im Verkaufsgespräch fällt es uns dadurch schwerer, Kunden emotional auf unsere Seite zu ziehen.

Gleichzeitig gibt es Menschen, die nettem Small Talk auf einer persönlicheren Ebene nicht abgeneigt sind. Mit manchen kann man sich am Rande über das katastrophale Abschneiden der Fußballmannschaft auseinandersetzen oder sich über einen anstehenden Urlaub unterhalten. Solche Gespräche schaffen Raum für eine persönliche Ebene, die über die rein sachliche Beratung hinausgeht. Bei einer eingehenden Anfrage hat Dein Kunde bereits Zeit für eine Beratung zugesprochen und solange Du seine Geduld nicht überstrapazierst, kannst Du diese Bereitschaft zu Deinem Vorteil nutzen. In der Kaltakquise ist es zugegebenerweise schwieriger, Zeit zugesprochen zu bekommen. Daher ist es umso wichtiger, den ersten Eindruck nicht zu vermasseln und Hürde für ein weiteres Gespräch unter Abwägen des Aufwandes und Mehrwerts seitens des Kunden möglichst niedrig zu halten. Je mehr Zeit Du mit dem Kunden bekommst, desto größer ist die Chance, eine gute Atmosphäre zu etablieren, denn Du hast dann die Möglichkeit, Deinem Gegenüber Deine Menschlichkeit aufzuzeigen.

Ich bin zu allererst Mensch, dann Verkäufer – denn Geschäfte werden zwischen Personen geschlossen. Habe ich mehr Zeit, kann ich mehr Fragen stellen. Habe ich darüber hinaus das Vertrauen meines Gesprächspartners gewonnen, kann ich Fragen stellen, die andere nicht stellen dürfen. Die meisten denken, Fragen dienen in erster Linie dazu, Informationen zu sammeln – aber das stimmt so nicht. Ich stelle Fragen, damit sich mein Kunde mit einem Thema auseinandersetzt und nachdenkt.

> **Durch Fragen mehr Zeit zugesprochen bekommen:**
>
> Um mehr Zeit zu gewinnen, müssen wir die Gespräche interessant gestalten. Immer, wenn ein Kunde von sich erzählen darf, wird er die Unterredung wahrscheinlich angenehmer empfinden, als wenn nur der Verkäufer einen Monolog hält. Mit der einhergehenden Empathie steigt auch die Bereitschaft des Kunden, dem Austausch mehr Zeit einzuräumen:
>
> »Wie schwierig war es für Sie, die Finanzierung für Ihr Unternehmen zu bekommen?«
>
> Diese Frage zielt nicht darauf ab, mehr über *damalige* Ängste und Nöte zu erfahren. Vielmehr möchte ich mehr von den Visionen der *Gegenwart* und *Zukunft* meines Gegenübers wissen.
>
> »Wo wären Sie heute, wenn es nicht geklappt hätte?«
> »Wo sehen Sie das Unternehmen in den nächsten zwei bis drei Jahren?
> »Wie wertvoll wäre ein finanzkräftiger Partner für das zukünftige Wachstum?«
>
> Fragen wie diese sollen einen Gesprächspartner dazu bringen, seine Situation und Auswirkungen zu überdenken.

Merke:

Je größer die Bereitschaft, Zeit zu investieren, desto erfolgreicher ist der Ausgang der Gespräche.

Etablierte Beziehung und Vertrauen

In manchen Fällen existiert bereits eine Beziehung zwischen Kunde und Verkäufer – sei es durch ein bestehendes Kundenverhältnis zwischen Unternehmen oder durch vorangegangene Gespräche zwischen den Parteien. Kunden, die im ersten Schritt auf Dich zugegangen sind, geben Dir in der Regel einen Vertrauensvorschuss, dem Du leicht gerecht werden kannst. Je besser die etablierte Beziehung, desto höher das Vertrauen in das jeweilige Gegenüber.

Beziehung und Vertrauen sind Früchte, die man sich erarbeiten muss. Dafür hält eine gewachsene Beziehung auch unbequeme Fragen aus, denn ein Freund darf mir gut gemeinte Ratschläge erteilen, wenn er es begründen kann. Mein Arzt kann mir Empfehlungen geben, die in seinem Expertenbereich angesiedelt sind: »Sie sollten weniger rauchen und mehr Sport treiben«. Sagt mir dasselbe ein Wildfremder, ignoriere ich den Rat empört.

Die Qualität der Beziehung entscheidet maßgeblich darüber, wie Du Dein Kundengespräch führen darfst. Sie beeinflusst, wie viele Informationen Du vom Kunden erhältst und erweckt dessen Bereitschaft, Deinen Argumenten zu folgen. Vertrauen reduziert eine mögliche innere Ablehnung und die Aussichten auf einen erfolgreichen Gesprächsausgang wachsen mit der Bindung sowie der entgegengebrachten Zuversicht.

Gewichtung der Erfolgsfaktoren in Verkaufsgesprächen

Betrachten wir die Ausprägung der vorab erklärten Faktoren an, zeigt sich, welche bei den unterschiedlichen Verkaufsgesprächen am meisten ausgeprägt sind.

Gespräch	Faktor Beziehung	Faktor Zeit	Faktor Relevanz	Gesprächsdauer (Durchschnitt)
Kaltakquise	0%	0%	0%	5 Minuten
Discovery Call	25%	25%	25%	20 Minuten
Sales Meeting /Beratung	25%	25%	50%	30 Minuten
Follow-up	25% bis 50%	50%	50%	15 Minuten
Eingehende Anfrage/Beratung	50%	50%	75%	45 Minuten
Eingehende Bestellung – Intention für Up-Selling	100%	0%	0%	5 Minuten

Tab. 1: Ausprägung der Erfolgsfaktoren im Verkaufsgespräch

Der Blick auf die Spalte zum Faktor Beziehung zeigt, dass sich die Beziehung zu einem Kunden innerhalb eines Verkaufsprozesses in der Regel verbessert. Somit steigt auch das Vertrauen in unsere Fähigkeiten. Die angegebenen Prozentwerte basieren nicht auf wissenschaftlichen Studien, sondern auf durchschnittlichen Erfahrungswerten zahlreicher B2B Sales Professionals aus meinen Seminaren. Diese können von Branche zu Branche und auch nach Kundentyp unterschiedlich sein, relevant ist nur das Verhältnis der Gespräche untereinander. Eine Kaltakquise hat immer den Nachteil, dass es noch keine etablierte Beziehung und daher kein Vertrauen gibt.

Besonders spannend sind die beiden Spalten in der Mitte: die Bereitschaft, Zeit zu investieren, und die Relevanz des Gesprächsthemas. Die Relevanz beschreibt dabei die subjektive Wahrnehmung eines potenziellen Mehrwerts für ein Problem, das wir lösen möchten. In den Gesprächen, in den uns ein Interessent eigeninitiativ kontaktiert, hat dieser einen Bedarf bereits realisiert und erkennt weitestgehend den Mehrwert unserer vorgeschlagenen Lösung. Im Beratungsgespräch oder Follow-up ist das eher eine Fifty-fifty-Chance. Im Falle der eingehenden Bestellung bezieht sich die Relevanz auf unseren Versuch, weiteren Umsatz anzustoßen (Up- und Cross-Selling).

Die Anatomie einer typischen Bestellanfrage gleicht ein wenig den Anfängen des Verkaufsprozesses. Sobald die Rahmenverträge geschlossen sind und die Beschaffung zu einem Automatismus wird, bleibt zwar das Vertrauen in das verkaufende Unternehmen auf einem hohen Niveau. Es sinkt jedoch die Zeitbereitschaft des Anrufers und damit das Erkennen des zusätzlichen Bedarfs. Auch die Bereitschaft, länger in eine Beziehung zu investieren, kippt wieder in Richtung des Niveaus der Kaltakquise – keine Schmetterlinge mehr, sondern »Business as usual«.

Die drei Gesprächsfaktoren haben Einfluss auf die uns Zeit, die uns verbleibt, um unsere Gesprächsziele zu erreichen. Besonders zu Beginn einer Kundenbeziehung müssen wir in allen Bereichen punkten, um Erfolg zu haben. Wir müssen versuchen, die Beziehung zu stärken, um nach Möglichkeit die Bereitschaft oder Neugier auf das Gespräch zu erhöhen. Durch kluge Argumentation können wir den Kunden erreichen und somit einen möglichen Bedarf wecken.

Je weniger Zeit, desto gezielter müssen wir argumentieren. Aus diesem Grund sind die Kaltakquise im Neukundengeschäft und das Up- und Cross-Selling im Account Management die größten Herausforderungen im Vertrieb. Nur gut, dass Du als Sales Insider das Problem nun kennst, damit Du es aktiv angehen kannst.

Die Kunst, den Kunden nicht zu überfordern

Jeder Verkäufer wacht morgens mit dem Wunsch auf, etwas zu verkaufen – gar den Deal seines Lebens einzutüten. Denn jeden Tag steht ein Kaufinteressent auf, der nur darauf wartet, eine Lösung verkauft zu bekommen, oder etwa nicht? Nein, so einfach ist es nicht. Haben Verkäuferkollegen einen heißen Interessenten vor sich oder am Telefon, schießen viele über das Ziel hinaus. Sie verlangen zu viel. Damit meine ich nicht den Preis oder eine kurze Bedenkzeit, sondern den Meilenstein, den sie erreichen wollen. Ein Beispiel: Ein Unternehmen für Haushaltsartikel zeigt sich im Cold Call offen für eine Software, die automatisch bei Amazon die besten Verkaufspreise eruiert, um den höchsten Umsatz bei der bestmöglichen Marge zu gewährleisten. Im ersten Gespräch bittet der Verkäufer den Kunden, einen vierzehntägigen Testlauf durchzuführen und ein Probeaccount mit seinem Sortiment anzulegen. Das Problem ist, dass der Aufwand für den Kunden an dieser Stelle zu hoch ist. Sicherlich ist er bereit, die Software zu testen, jedoch erst wenn er die verfügbaren Optionen weiter eingegrenzt hat.

Der Call to Action (CTA) – die Handlungsaufforderung
In einem Cold Call um einen Termin vor Ort zu bitten, um sich unverbindlich kennenzulernen, kann für den Kunden schon zu viel sein. Deshalb ist es wichtig, das Ziel im Gespräch klar zu definieren und nötigenfalls nach unten zu korrigieren. Kleine Schritte sind hier besser, als den Kunden gleich zu Beginn zu überfordern, denn Dir bleibt in den meisten Fällen nicht genügend Zeit, um Deinen Kunden von Anfang bis Ende Deine Vision zu vermitteln. Verkaufe zuerst den nächsten Schritt, nicht gleich die komplette Servicepalette. Damit der Kunde den nächsten Schritt auch tatsächlich mitgeht, muss der Call to Action (CTA) für ihn leicht umsetzbar sein. Wer glaubt, im ersten Gespräch einen Vertragsabschluss zu erzielen, ist naiv, auch wenn es hin und wieder die eine oder andere glorifizierte Ausnahme gibt. Der sogenannte »One-Call-Close« bleibt meist eine Legende: eine Heldengeschichte, die die Realität verzerrt.

Ich teile daher die Buying Journey, also den Kaufprozess, in erträglichere Häppchen ein und erstelle daraus einen Fahrplan, um den Kunden Schritt für Schritt an mein Produkt heranzuführen. Denn was passiert, wenn der Kunde nach einer Beratung nicht in der Lage ist, sich zu entscheiden, oder er gar keine Entscheidung treffen will? Was ist, wenn er mich ghostet, sich bei Anrufen versteckt oder nie zurückruft? Eins ist schon mal sicher: Je zeitintensiver der Verkaufsprozess nach dem ursprünglichen Sales Meeting ist, desto unwahrscheinlicher ist der erfolgreiche Abschluss.

Nein, es gewinnt nur selten derjenige, der einen langen Atem hat. Das ist die rühmliche Ausnahme. Es gewinnt derjenige, der das Momentum für sich nutzt.

Storytime: Captain Zero und die Komfortzone der Kunden

Storytime

Es kam der große Tag Ende Mai: Nach meiner Einarbeitung in Amsterdam wechselte ich ins Berliner Büro. Es lag mitten in Unter den Linden, der Straße, die das Brandenburger Tor mit dem Kronprinzenpalais verbindet und vom Adlon am Pariser Platz bis zur Schlossbrücke reicht. Eine Adresse, die Eindruck machte, sowohl auf zukünftige Bewerber als auch Kunden. Auf rund 650 Quadratmetern standen zahllose Schreibtischinseln zu jeweils fünf Tischen.

Es gab keinen heißen »Dungeon« wie in Holland, hier war alles gediegen und brandneu. Anfänglich hatten wir eine kleine Tischinsel im Großraumbüro, später zog unser Team in den alten Konferenzraum, den alle Aquarium nannten, da er mit einer Glaswand vom Hauptraum abgetrennt war.

An meiner Tischinsel wurde ich von Wim und Martin begrüßt. Wim war mein holländischer Kollege, der das Team anführte, und Martin ein wahres Unikum: ein exzentrischer, ehemaliger Punk mit Irokesenschnitt, Militäruniformen und Nasenring. Er brüllte so laut in den Telefonhörer, dass man meinte, der Gesprächspartner müsse ihn auch ohne Telefon hören können. Geldhungrig, aber sparsam, schlich er sich auf exklusive Partys und räumte dort Buffets ab. Er kannte jeden Promi und hatte zu jedem eine klare Meinung. Eloquenz und Hartnäckigkeit machten ihn im Verkauf unverwechselbar.

Mikes Tipps beherzigte ich weiterhin, versuchte aber auch die hartnäckige Tour von Martin, der seinen Kunden so lange auf die Nerven ging, bis diese so laut am Telefon wurden wie er. Es gab niemanden, der ihm beim Büro-Flurfunk das Wasser reichen konnte. Er teile jedes auch noch so abwegige Gerücht. Martin war es auch, der mir Wims Spitznamen verriet: Hinter seinem Rücken nannten ihn die Kollegen Captain Zero. Zero stand für den dicken fetten Donut, der anstelle einer Null an dem Whiteboard neben seinen Namen gemalt worden war. Wim hatte es sehr viel schwerer im Markt als wir – die Kunden sperrten sich hartnäckig und ließen ihn häufig abblitzen. Was machte er anders als Martin oder ich? Er klang seriös am Telefon und sprach mit denselben Entscheidern wie wir: »Guten Tag, Frau Schneider, mein Name ist Wim aus Berlin. Mein Deutsch ist leider nicht so gut – is it okay to speak in English?«

Hier nahm das Problem seinen Anfang. Natürlich konnten viele unserer Geschäftspartner Englisch. Nur eben nicht so gut, um sich so nuanciert auszudrücken, dass man zwischen den Zeilen lesen konnte und umgekehrt. Wim schaffte es leider nicht, eine sofortige Verbindung zu seinem Gegenüber aufzubauen, da das Gespräch auf Kundenseite nicht locker von der Hand ging. Die Kunden mussten sich anstrengen, um ihn zu verstehen, und so blieb es meistens ein mit Features durchtränkter Monolog. Notgedrungen kam er daher schnell zum Kern seines Angebots, ohne die Probleme oder Wünsche der Kunden zu verstehen.

In der Autowelt hatte ich gelernt, dass Sympathie den Unterschied zwischen Erfolg und Misserfolg ausmachen. Meine Konkurrenten waren weniger die anderen Automarken, sondern die anderen tausend Verkäufer im Konzern, die alle dasselbe Fabrikat anboten. Denn jeder Händler hatte dieselbe Marge zur Verfügung, um Nachlässe zu kalkulieren. Ein guter Draht und Sympathie halfen, sich abzusetzen.

Wenn es um die Aufmerksamkeit unserer Sponsoren ging, die Verkaufs- oder Marketingleiter sowie Geschäftsführer waren, schaffte Wim es nicht, sich von der Masse seiner Konkurrenten abzuheben. Die Leute mochten ihn nicht mehr als den Typen, der am Vortag angerufen hatte. Seine Kunden sahen keinen Grund, ihre Komfortzone zu verlassen und über seinen Vorschlag nachzudenken. Schließlich gab es genügend Alternativen auf dem Markt.

…

Ich lebte mich schnell ein und schaffte den bis dato größten Sponsorship-Deal des noch jungen Büros. Zu meiner großen Überraschung kam unser Chef nicht gratulierend zu mir – und das, obwohl wir keine zehn Meter voneinander entfernt waren. Stattdessen saß Wim mit ihm in seinem Büro und schien nett zu plaudern. Er war entspannt, seine Körperhaltung zeugte von Souveränität. Man sah Wim an der rot-weiß-schwarzen Tasse seines Lieblingsvereins nippen. Hier herrschte definitiv keine Aufregung.

Martin raunte mir zu: »Ist es nicht merkwürdig, dass vom Big Boss keine Reaktion kommt?«
»Weiß auch nicht«, brummte ich unzufrieden.
»Diesmal warst Du Erster, aber dafür hole ich den Nächsten!« Nach kurzer Stille fügte Martin leise hinzu: »Pass auf, dass man Dir den Deal nicht klaut, das kommt in anderen Büros häufiger vor.«
»Wie meinst Du das? Klauen?«
»Manchmal behaupten Manager, es wäre ihr Deal gewesen, und erheben Anspruch. In manchen Teams verschwinden dann schon mal Notizen, Telefonnummern und Unterlagen.«
»Du spinnst doch! Das glaube ich nicht.«
»Das wirst Du schon sehen! Ich denke jedoch nicht, dass unser Big Boss es durchgehen lassen würde. Ist schließlich Deine Konferenz und Wim ist kein Wunderkind.«
Ich schaute sofort nach meinen Notizen und war erleichtert, alle in meinem Stapel zu finden. Ich verwarf den Gedanken und machte mich an die ersten Telefonate des Tages.

...

Nach dem Lunch rief unser Chef Martin und mich in sein Büro. Wim war nicht da, wahrscheinlich noch in der Mittagspause oder schon wieder in einem anderen Meeting.

»Gents, first things first: Sascha, congratulations zum Deal. Ich habe es nicht vergessen, well done! Zur weiteren Information: Wim hat uns leider verlassen und –«
»Waaaaas?!«, platzte es aus Martin heraus.
»Yes, mate! His numbers were crap. Wir können uns keine Konferenzen ohne Sponsoren leisten. Er holt heute Abend seine persönlichen Gegenstände, bevor er nach Amsterdam zurückfährt. Also macht bitte pünktlich Feierabend.« Martin und ich schauten uns schweigend an. »Von nun an macht ihr beide erst mal allein weiter. Good luck and happy selling.«

Damit entließ er uns und widmete sich wieder seinen E-Mails. Perplex gingen wir zurück zu unserer Tischinsel. Der Platz am Kopfende blieb vorerst leer.

Gab es eine Formel für Erfolglosigkeit in der Kaltakquise? Falls ja, hatte Wim sie vermutlich gefunden. Er war ohne Deutschkenntnisse und ohne Vertrautheit mit den hiesigen

Gepflogenheiten in den deutschen Markt geworfen worden. Holländer, die seit jeher für ihre Offenheit und Lust zum Handeln bekannt waren, mussten natürlich an der mangelnden Risikobereitschaft und Zurückhaltung der deutschen Unternehmen verzweifeln. Es war nicht nur die Sprache, die nicht gepasst hatte – er hatte auch zu viel Vertrauen eingefordert und zu schnell den Verkaufsabschluss gesucht, ohne vorher den Bedarf und Kaufbereitschaft seiner Zielkunden zu kennen.

2 Ziele der unterschiedlichen Verkaufsgespräche

Abb. 3: Kapitelnavigation Kapitel 2

Übersicht der unterschiedlichen Verkaufsgespräche

Termine zu bekommen ist wichtig – keine Frage. Aber sie sind nur das Sprungbrett. Entscheidend ist, was danach kommt: Wie strukturiert und wirkungsvoll Du Deine Gespräche führst. Wie zuvor erwähnt, teile ich den Verkaufsprozess in kleine Häppchen ein, damit der CTA und somit der nächste Schritt, den Du vom Kunden forderst, nicht überfordernd ist. Wir betrachten in diesem Zusammenhang den gesamten Kundendialog am Telefon – von der ersten Ansprache bis hin zur Bestellung.

Es gibt unterschiedliche Arten von Verkaufsgesprächen, die nicht über einen Kamm geschert werden können. Der erste Kontakt in der Kaltakquise unterscheidet sich ganz erheblich von einer eingehenden Anfrage eines neuen Interessenten. Beide Gespräche haben zwar ein sehr ähnliches Ziel, aber die Gesprächsatmosphäre dürfte komplett unterschiedlich sein. Entsprechend solltest Du Deine Gesprächsführung anpassen. Nicht nur ist die Ausgangssituation völlig anders, auch die gewünschten Gesprächsziele weichen voneinander ab. Das musst Du als Sales Insider unbedingt beachten. Nachfolgend findest Du daher eine tabellarische Übersicht der Gesprächstypen und deren Intention:

Gesprächsart	Intention	Ziel
Kaltakquise	Prospecting/Segmentierung möglicher Kaufinteressenten	Vereinbarung zu einem Discovery Call oder Sales Meeting
Discovery Call	Gespräch mit einem warmen Kontakt (aus Kaltakquise oder durch Vermittler) zum Ausloten gegenseitigen Interesses	Vereinbarung zu einem Beratungsgespräch oder Produktvorführung
Sales Meeting/Beratung	Bedarfsgerechte Präsentation einer Dienstleistung/Produkt	Übermittlung eines Angebots und Vereinbarung zum Follow-up-Gespräch
Follow-up (mehrfach möglich)	Einwandbehandlung und Abschluss	Vertragsabschluss
Eingehende Anfrage	Beratung und Abgleich von Bedarf und Produktnutzen	Übermittlung eines Angebots
Eingehende Bestellung – Intention für den Up-Sell	Bestellung abwickeln und Bedarfsweckung für weitere Angebote	Bestellung weiterer komplementärer Produkte

Tab. 2: Tabelle Gesprächsarten im Verkaufsprozess

Ziele des Prospecting in der Kaltakquise

Sicherlich ist einer der härtesten Jobs im Vertrieb die Ansprache potenzieller Neukunden: die sogenannte Leadqualifizierung, auch Prospecting genannt. Generell ist das Ziel die Qualifizierung des korrekten Ansprechpartners, das Wecken von Interesse und das Abchecken weiterer Faktoren. In einem Cold Call gibt es noch keine Beziehung zwischen Kunde und Verkäufer. Deswegen ist die Bereitschaft für ein Verkaufsgespräch meist sehr niedrig. Dass Beziehung und Vertrauen im Cold Call zunächst fehlen, wirkt sich entscheidend auf die Gesprächsführung aus. Leider machen viele Vertriebsmitarbeitende hier grundlegende Fehler: Sie halten am Telefon ein Monolog, indem sie einen Leitfaden vorlesen, ohne Fragen zu stellen. Kein Wunder, dass manche frustriert aufgeben und nach wenigen Tagen den Job hinwerfen. Nichts ist schlimmer, als wenn qualifizierte Ansprechpartner, die unseren Kundenkriterien entsprechen, im Gespräch einfach auflegen oder ihre Reaktionen ablehnend oder gar schroff ausfallen.

Zur Bestimmung von Relevanz und Interesse kommen im Gespräche bewährte Methoden und Qualifizierungskriterien zum Einsatz. Zum Beispiel steht die BANT-Methode für Budget, Autorität, Bedarf (Need) und Timing: Wir möchten als Verkäufer wissen, ob unser Gesprächspartner Interesse an unserem Angebot hat und ob er dazu in der Lage ist, mitzuentscheiden. Zudem müssen wir feststellen, ob ein konkreter Bedarf besteht und es der richtige Zeitpunkt ist.

Neben BANT gibt es unzählige andere Methoden, die letztlich alle dasselbe Ziel verfolgen: das Potenzial einer Verkaufschance ausloten. Besteht ein Kunde alle Qualifizierungskriterien, ist der zu erwartende Erfolg höher einzuschätzen. In der Natur der Sache liegt es, dass ein Großteil der Unternehmen damit durch das Raster fällt und nur wenige sich qualifizieren. Du solltest also damit rechnen, dass nicht jedes Gespräch Deine Kriterien und Erwartungen erfüllt. Entscheidend ist, die richtigen Kontakte zu identifizieren – und diese Gespräche dann professionell zu führen.

Die Ziele im Prospecting sollten klar sein: Es ist nicht der Verkauf oder die direkte Kauftransaktion, sondern das Qualifizieren eines möglichen Kunden. Der nächste Schritt ist das Wecken von Interesse für weitere Informationen, einer genauen Bestimmung des Bedarfs oder ein Follow-up-Gespräch mit einer Produktvorführung. Ein Ziel steht auf jeden Fall ganz oben: die Etablierung einer Beziehung sowie das Erwecken von Sympathie und Offenheit für neue Ideen.

Ziele im Discovery Call

Der Unterschied zwischen Discovery Call und reiner Kaltakquise ist, dass der Kontakt nicht völlig kalt ist und es seitens des Kunden ein grundlegendes Interesse an unserer Lösung oder unserem Angebot gibt. Ein Discovery Call kommt mit unterschiedlichen Voraussetzungen einher. Wenn ich auf einer Netzwerkveranstaltung mich mit potenziellen Interessenten zu einem Gespräch verabrede, ist der Discovery Call der Einstieg in den Kaufprozess. Er kann auch das Resultat eines vorausgegangenen Cold Calls sein. Im Gegensatz zu der Bereitschaft, Zeit zu investieren, sind in diesen Fällen Relevanz und Beziehung jedoch noch gering ausgeprägt.

Handelt es sich hingegen um eine Inbound-Anfrage eines Interessenten, dann sind Relevanz und Zeitbereitschaft gegeben. Der Interessent kommt zu Dir, weil er glaubt, dass Du eine Lösung für sein Anliegen bieten könntest. Der Kunde hat sich möglicherweise bereits auf der Webseite informiert, Deine beruflichen Profile recherchiert und kommt mit einer klaren Erwartungshaltung ins Gespräch. Es besteht bereits ein großer Wille und Du hast Dir Vorschusslorbeeren an Vertrauen und Sympathie eingeheimst, die Du nur noch einlösen musst. Der Kunde schildert bereitwillig seine Situation und seinen Bedarf. Deine Aufgabe ist es, diese zu bestätigen und dem Kunden zu signalisieren, dass er an der richtigen Stelle ist.

In allen Fällen ist das Ziel des Gesprächs, die Situation des Kunden zu verstehen, um zu klären, ob unsere Lösung für ihn einen Mehrwert bietet. Die Bedarfsanalyse kann Teil eines Sales Meetings sein, oder in einem separaten Gespräch als Discovery Call vorgeschaltet werden. Das ist dann sinnvoll, wenn eine komplexe Lösung auf den Kunden zugeschnitten werden muss, bevor sie präsentiert werden kann. Ob das Sales Meeting gleich im Anschluss oder innerhalb des Discovery Calls stattfindet, hängt von Umfang, Investitionshöhe und dem jeweiligen Gesprächsverlauf ab.

In den nachfolgenden Aufstellungen werden wir der Einfachheit halber zwischen einer Inbound-Anfrage und den Discovery Call als Resultat unserer Akquisetätigkeiten unterscheiden.

Ziele im Sales Meeting

Das Sales Meeting ist davon geprägt, dass Du als Verkäufer Interesse an Deinem Gegenüber bekundest. Du verstehst dessen Situation und analysierst die Ursachen seiner Pain Points. Die daraus resultierende Bedarfsanalyse gibt Dir Aufschluss darüber, welche Benefits Deines Produkts besonders interessant sind. Wichtig ist es, eine Lösung aufzeigen, mit der sich die Situation des Kunden deutlich verbessert und die einen möglichst nachhaltigen Einfluss auf seinen wirtschaftlichen Erfolg hat.

Der nächste Schritt wäre entweder ein Proof of Concept – also der Nachweis, dass Dein Lösungsvorschlag das Problem behebt – oder gleich ein passendes Angebot. In jedem Fall sollte ein zartes Vertrauensverhältnis etabliert werden, um Ängste Deines Gesprächspartners zu lösen oder mögliche Risiken zu entkräften. Als Konsequenz vereinbart ihr einen Folgetermin, um das Angebot zu besprechen und Hürden aus dem Weg zu räumen.

Ziel des Follow-up-Gesprächs

Jetzt wird es spannend: Wenn Du bei diesem Schritt angekommen bist, trennt sich die Spreu von Weizen. Im Follow-up-Gespräch kommt der Moment der Wahrheit. Nachdem Du das Angebot abgegeben oder die Machbarkeitsstudie übermittelt hast, entscheidet der Kunde über Deine Offerte – ohne Dich. Umso wertvoller ist es, wenn du im Vorfeld einen internen Unterstützer gewonnen hast: jemanden, der von deiner Lösung profitiert und sich innerhalb des Unternehmens dafür starkmacht. In jedem Fall entscheidet sich im Anschluss, wie wertvoll Dein Produkt in den Augen Deines Kunden ist, ob es zu einem Abschluss kommt oder ob ein anderer Anbieter die Nase vorn hat.

Der nächste Schritt besteht darin, mögliche Hürden auf dem Weg zum Abschluss zu identifizieren und gezielt aus dem Weg zu räumen. Hierzu können mehrere Gespräche mit unterschiedlichen Personen aus verschiedenen Führungsetagen nötig sein. Wichtig ist, dass du als verlässlicher Partner auftrittst und Risiken eines Fehlkaufs ausschließen kannst. Denke daran: Wenn Angebote zu gut sind, um wahr zu sein, heißt es nicht, dass sie am Ende gekauft werden.

Ziele der Bestellung oder Kauftransaktion

Die Bestellung beim Innendienst oder Sachbearbeiter beruht auf einer vorab etablierten Beziehung zum liefernden Unternehmen, nicht jedoch notwendigerweise zur Person. Die Bereitschaft für den Mehrverkauf sowie Up- oder Cross-Selling ist seitens des Käufers größtenteils niedrig. Das Ziel ist hierbei klar definiert: die Bestätigung des Kaufs und die Abwicklung der Formalitäten, die notwendig sind, um die Transaktion zu vollziehen. Meist erhältst Du Anrufe oder E-Mails von Kunden, die sich Informationen zu Preisen, technischen Spezifikationen oder Lieferdaten wünschen. Der Kunde hat sich bereits entschieden und möchte die Transaktion ohne Zeitaufwand abschließen. Für den Verkäufer bleibt dann nur ein schmales Zeitfenster, um Alternativen und Ergänzungen vorzustellen. Auch hier müssen wir den Besteller aus der Komfortzone bringen und an den Menschen appellieren, um Interesse zu wecken. Wie viel mehr könnte ein Unternehmen verkaufen, wenn der Verkäufer das Potenzial des Kunden erkunden würde, um weitere Produkte oder Vorteile bei der Abnahme größerer Mengen zu empfehlen?

Ein Beispiel, das wir alle kennen, ist der Besuch in einem Restaurant. Während der Kellner die leeren Teller nach dem Hauptgang abräumt, bietet er ein Dessert oder einen Kaffee an. Denn: Wer nicht fragt, der nicht gewinnt.

3 Den Kaufprozess steuern und beschleunigen

Abb. 4: Kapitelnavigation Kapitel 3

Der Verkaufsprozess
Der Verkaufsprozess ist die Summe aller Schritte von Erstkontakt bis Kaufabschluss in der richtigen Reihenfolge. Jeder Prozessschritt hat ein eigenes kleines Teilziel, die aneinandergereiht unweigerlich auf den Abschluss zusteuern. Je weniger Schritte, desto schneller der Prozess. Wie vorab erwähnt, empfiehlt es sich bei großen Investitionen, die Hürde für den nächsten Schritt nicht zu groß werden zu lassen. Im proaktiven Innendienstvertrieb, dem Inside Sales, wobei Verkäufer den Prozess initiieren und die Kontrolle über dem Ablauf wahren, sollten die Zwischenziele gut aufeinander abgestimmt sein. Wer es schafft, den Kunden mühelos zum Abschluss zu bringen, ist ein wahrer Sales Insider.

Es ist die Hoffnung, die Dich umbringt. Eins, zwei, drei – bei fünf bist Du raus!
Wie lange darf ein Verkaufsprozess dauern? Wie viele Gespräche soll ich mit meinem Ansprechpartner führen? Wann sollte ich aufgeben?

Ich werde ständig danach gefragt und es gibt keine klare Antwort. Wenn Du etwas mit einem hohen Auftragsvolumen verkaufst, kann sich der Prozess auch schon mal über acht bis zwölf Monate hinziehen. Bei kleineren Investitionen oder Verbrauchsgütern reden wir eher über acht bis zwölf Wochen. Klar solltest Du unterscheiden, ob Du mit einem einzelnen Entscheider sprichst oder es mit einem Buyer Center oder dem Einkauf zu tun hast.

> **Wie viele Follow-up Gespräche sind sinnvoll?**
>
> **Ein Tipp:** Schau Dir die durchschnittliche Dauer Deiner Verkäufe an. Wie viele Kontaktpunkte hattest Du mit Kunden, bis der Deal zustande kam? Waren es fünf Gespräche über sechs Wochen? Oder acht über sechs Monate? Was ist Dein individueller Mittelwert?

> Mein persönlicher Durchschnitt für Vertriebsseminare: drei Gespräche mit dem Verkaufsleiter oder Geschäftsführer über sechs Wochen. Bekomme ich eine Anfrage seitens der Personalabteilung, sind es durchschnittlich fünf Gespräche in vier Wochen.
>
> Bewerte Deine Gespräche innerhalb des Kaufprozesses bei jeder Opportunität Deiner Sales Pipeline und vergleiche diese mit Deinem Durchschnitt. Es ist nicht notwendig, Dich laufend zu unterbieten, um »besser« zu werden – denn unterbieten heißt, ab und an das Risiko dafür zu erhöhen, dass der geforderte nächste Gang zu hoch ausfallen könnte. Mitunter ist es besser, Schritt für Schritt vorzugehen und bei Erreichen der durchschnittlichen Kontakte die Opportunität zu hinterfragen.

Des Öfteren sind weitere Unterredungen mit anderen Entscheidern notwendig, denn manchmal laufen Follow-up-Gespräche ins Leere, da unser Kunde zu keiner Meinung gekommen ist oder die Entscheidung des nächsten Schritts noch aussteht. Jedoch solltest Du nicht übermäßig an erkalteten Verkaufschancen festhalten. Meine persönliche Präferenz ist: Lieber ein Ende mit Schrecken als ein Schrecken ohne Ende. Verkäufer hoffen oft viel zu lange, nur um am Ende festzustellen, dass der Kunde längst das Interesse verloren hat und sich bereits anderen Dingen zuwendet.

Behalte immer die Kontrolle und ergreife die Initiative

Manche Verkäuferkollegen geben zu schnell die Kontrolle aus den Händen. Ein typisches Beispiel: Der Kunde kündigt an, sich »zu melden, wenn er so weit ist«. Was zunächst nach einer offenen Tür klingt, bedeutet in der Praxis oft: unklarer Zeitrahmen, keine verbindliche nächste Aktion – und mitunter keinerlei Rückmeldung. Also ein Kontrollverlust.

Natürlich ist Nachfassen ein Balanceakt. Einerseits spielt Zeit eine zentrale Rolle, schließlich beeinflusst der Erfolg das Gehalt. Anderseits möchte man keinen Kunden mit zu viel Härte verschrecken. Ich sage meinem Gesprächspartner daher, dass ich um Klarheit bemüht bin. Gerne kann sich der Kunde innerhalb eines bestimmten Zeitrahmens von allein melden. Aber es gibt einen Punkt, da werde ich nachhaken.

> »Herr Meier, gerne können Sie mich anrufen oder mir eine E-Mail senden. Ich melde mich bei Ihnen in spätestens zwei Wochen. Ist das soweit okay für Sie?«

Was soll der Kunde schon sagen? Etwa nein? In der Regel haben Kunden Verständnis dafür, dass man sich ein Feedback wünscht. Ich bereite deshalb den Abschluss und den nächsten Schritt im Gespräch vor.

> »Herr Meier, dann verbleiben wir wie folgt: Ich sende Ihnen wie besprochen die Informationen und die zu erwartenden Ergebnisse zu und Sie klären im Gegenzug, ob Sie eine kostenlose Demo ausprobieren wollen. Passt Ihnen als nächstes Gespräch Dienstag in der kommenden Woche oder wollen wir gegen Ende der nächsten Woche telefonieren?«

Wenn der Kunde dennoch darauf besteht, dass er sich von sich aus in den nächsten Tagen meldet, pariere ich mit:

> »Ja, das ist in Ordnung! Dann sprechen wir also nächste Woche. Rufen Sie mich gerne an, wenn es bei Ihnen passt, oder ich melde mich – je nachdem, wer wen als Erstes erreicht.«

Komme, was wolle! Ich gebe die Initiative nicht aus der Hand. Manche Assistenten sagen häufig, dass sie schriftliche Informationen wünschen, bevor ich durchgestellt werden kann. Der gewünschte Gesprächspartner würde sich bei Interesse melden. Aber was passiert, wenn keiner zurückruft? Hat er kein Interesse oder meine Nachricht gar nicht bekommen? Wie kann ich dann das Dogma der Komfortzone lösen? Du siehst: Besser ist es für Sales Insider wie uns, die Kontrolle zu behalten.

Wie Du Dein Gespräch strukturierst, damit der Kunde es nicht als »Drücken« empfindet? Dazu behelfen wir uns der Verknappung, auch bekannt als glaubhafte Dringlichkeit innerhalb unseres Verkaufsprozesses.

3.1 Mit Verknappung den Verkaufsprozess begrenzen

Glaubhafte Dringlichkeit ist ein starker Verbündeter! Denn Verknappung hilft Dir dabei, Deinen Verkaufsprozess einzugrenzen. Ich werde immer gefragt, ab wann man einen kalt gewordenen Kaufinteressenten in Ruhe lassen sollte. Wann lohnt es sich, nicht weiter nachzufragen? Ich kenne einige, die niemals lockerlassen und dennoch nichts verkaufen. Irgendwann ist trotzdem Schluss, wenn der Kunde dich nur lange genug hinhält.

Doch so weit muss es nicht kommen, wenn man rechtzeitig einen klaren Rahmen setzt. Dazu bediene ich mich immer der Verknappung. Überlege: Was spricht denn dagegen, dein Produkt erst im nächsten Jahr zu kaufen? – Nichts, objektiv betrachtet. Und genau deshalb braucht es einen Impuls, der zur Entscheidung motiviert. Dabei geht es nicht um plumpe Täuschung, sondern um das bewusste Setzen eines Zeitfensters. Das kann ein begrenztes Kontingent oder ein konkreter Starttermin sein – je nachdem, was glaubwürdig zur Situation passt. So hilfst du deinem Kunden, Prioritäten zu setzen.

Die meisten Verkäufer schaffen es jedoch nicht, diese künstliche Verknappung glaubhaft zu verkaufen. Ich höre manchmal in Verkaufspräsentationen, dass der Wert eines Seminars 7.500 Euro beträgt und es nur innerhalb der nächsten 24 Stunden für 795 Euro verkauft wird. Wir kennen solche Taktiken aus dem Teleshopping, wo kein Produkt ohne wahnsinnige Preisvorteile angeboten wird – etwa »Nur heute bezahlen Sie anstelle von 100 Euro unglaubliche 19,95 Euro und bekommen einen Putzlappen gratis dazu!«. Auch in Supermärkten gibt es Aktionen und Angebote, die zeitlich begrenzt sind. Dort stört sich kaum jemand daran – weil der Rahmen klar ist.

Don't: Verknappung falsch einsetzen

Anfang der 2000er, als das Telefonieren mit Mobiltelefonen noch teuer war, konnte und wollte sich nicht jeder das allerneueste Handy leisten. Der damalige Netzbetreiber E-Plus etwa nutzte in seinen Shops rollbare Flipcharts, die täglich vor den Laden gestellt wurden. Darauf stand mit Handschrift geschrieben: »Heute keine Anschlussgebühr!«. Diese Gebühr funktionierte ähnlich wie die Aufnahmegebühr in einem Fitnessstudio: Sie war dazu da, als Rabatt gestrichen zu werden. Wer einen Telefonvertrag wollte, konnte darauf warten, dass der Filialleiter sein Angebot mit großen Buchstaben auf dieses Flipchart schrieb, das dann nach draußen vor den Laden gerollt wurde. Vorbeilaufende potenzielle Kunden, die mit einem Mobiltelefon und daher mit einem Vertrag liebäugelten, hatten nun einen Grund, dieses Angebot besser nicht zu verpassen: Es galt letztendlich nur heute. Zeitlich limitiert. Wer zu spät kommt, den bestraft das Leben!

Künstliche Verknappung funktioniert, da wir Angst haben, einen Vorteil zu verpassen. Nur rechnete die Geschäftsleitung von E-Plus nicht mit der Faulheit und Unaufmerksamkeit der Menschen. Nein, ich meine damit nicht die Kunden, sondern die Angestellten! Ein handschriftliches Schild symbolisiert ad hoc wechselnde Mitteilungen. Getreu dem Motto: Wir sparen uns den Druck von Postern einer Werbekampagne und geben den Vorteil gleich an unsere Neukunden weiter. Nur waren die Flipcharts oftmals von der Sonne stark ausgeblichen und die Schrift war verschmiert, auch wenn es nicht geregnet hatte. Es war deutlich zu erkennen: Dieses Schild steht hier schon länger. Die Wirkung der vermeintlich exklusiven Tagesaktion verpuffte – schlicht, weil sie ihren temporären Charakter verloren hatte.

Verknappung lebt von ihrer Glaubwürdigkeit. Wer jeden Tag dieselbe »Nur heute«-Aktion anbietet, riskiert, dass die Botschaft als bloße Floskel wahrgenommen wird – vergleichbar mit Rabattversprechen in Möbelhäusern, bei denen der ursprüngliche Preis längst vorher künstlich aufgeschlagen wurde. Verhandeln lässt sich dort trotzdem, fast immer. Außer, Du bist wie mein Kollege Martin – der kaufte höchstens Schnäppchen bei IKEA, da gab es wenigstens Köttbullar und Hot Dogs.

Do: Verknappung richtig einsetzen

Die künstliche Beschränkung der Verfügbarkeit Deines Angebots funktioniert nur dann, wenn es plausibel und realistisch klingt. Ich habe es selbst ausprobiert: Baute ich zum Schluss eines guten Sales Pitches unerklärlichen Druck auf, verstand mein Gegenüber die Eile nicht.

> »Also gut, Herr Müller, ich sende Ihnen wie besprochen die Informationen per E-Mail und Sie schauen nach, was Ihr Budget für das laufende Jahr noch hergibt. Ich würde mich dann übermorgen bei Ihnen melden, sagen wir zehn Uhr, oder besser nach dem Lunch?«

Warum mussten wir die Sache in zwei Tagen festzurren, obwohl die Wirtschaftskonferenz erst in einem Dreivierteljahr stattfand? Die Befristung oder Begrenzung funktioniert, wenn sie glaubhaft ist und schon zu Beginn des Gesprächs erwähnt wird. Verknappung ist der Grund, warum ich einen Follow-up-Anruf in wenigen Tagen machen möchte und nicht erst in einigen Wochen. Wenn ich jedoch am Ende des Gesprächs erst damit rausrücke, sieht es eher wie ein alter Verkäufertrick aus. Damit Dringlichkeit glaubwürdig ist, nutze ich diese von Beginn an.

> »Herr Müller, gut dass ich Sie noch erreiche, ich dachte schon, ich schaffe es nicht mehr rechtzeitig …«

Ich benutze diesen Satz noch vor dem Small Talk, er soll mein Gegenüber ein wenig öffnen. Er ist wie ein Samenkorn, das ich von Beginn an einpflanze und im laufenden Gespräch keimen lasse. Ich erzähle von unseren Teilnehmern, die gemeinsam so viel Gewinn machen, dass man meinen könnte, sie könnten damit ganze Staatshaushalte sanieren. Diese kommen in Berlin für zwei Tage zusammen, um über das Problem X oder Y zu diskutieren. Natürlich hat die Firma von Herrn Müller hierzu eine passende Lösung.

> »Das Problem, Herr Müller, ist, dass wir nur einen begrenzten Rahmen der Mitgestaltung durch Lösungsanbieter haben. Meine Kollegin Beate hat schon den Vorstand von Firma A und B eingeladen. Uns bliebe also nicht allzu viel Zeit, sollten Sie sich auch inhaltlich in diesem Forum präsentieren wollen.«

Jetzt ist also der Rahmen gesetzt. Sollte mein Gegenüber die Konferenz nicht für eine Präsentation nutzen, sondern lediglich später als Teilnehmer buchen wollen, ginge das auch. Aber sich vor hundert Personen präsentieren zu dürfen, ist für die meisten sehr verlockend.

Ich zeige danach meinem Gegenüber die Möglichkeiten und positiven Konsequenzen auf, die Sponsoring bietet: »Nutzen Sie die Abendveranstaltung, um mit Ihrem Verkäuferteam alle Teilnehmer anzusprechen. Ergreifen Sie die Chance, bereits zur Vermarktung positiv wahrgenommen zu werden, indem wir Ihr Logo und ein Firmenprofil in die Eventbroschüre und auf Einladungen drucken.«

Um es einfacher zu machen, sende ich dem Kunden eine Übersicht aller Möglichkeiten, die im Hauptsponsor vereint sind. Er kann selbstverständlich frei wählen und nach Herzenslust Dinge herausstreichen. Du kennst das Spiel.

> »Herr Müller, dann verbleiben wir wie folgt: Ich bespreche mit meiner Kollegin Beate, dass sie das Thema X nicht anderweitig vergeben soll. Das wird sie zwar nicht freuen, aber darum kümmere ich mich schon. Ich kann das Angebot nicht lange reservieren, aber für ein paar Tage sicherlich. Ich schicke Ihnen die Unterlagen per E-Mail, damit Sie die einzelnen Themen einsehen können. Ich lege den Leadsponsor als Muster bei. Wie besprochen sprechen Sie mit Ihrem Vorstand und wir telefonieren wieder in ein paar Tagen. Passt es bei Ihnen am Dienstagvormittag um zehn Uhr oder besser Mittwochnachmittag?«

Nun ist die Verknappung glaubhaft, da sie von Anfang an eingesetzt wurde. Sie ist quasi genauso wichtig wie das Angebot selbst. Funktioniert sie immer? Natürlich nicht. Leider. Sie funktioniert jedoch immer dann, wenn unser Gesprächspartner unserem Angebot nicht abgeneigt ist. Ich positioniere mich auf seiner Seite, da ich für ihn kämpfe, damit er Kunde werden kann.

Hier eine Übersicht über die drei Stufen bei der Verwendung von Dringlichkeit, um sie glaubhaft zu kommunizieren:

Zum Gesprächsauftakt	Im Gespräch bei der Vorstellung des Anliegens	Beim Gesprächsabschluss
Vermittle zwischen den Zeilen nach der Begrüßung, dass Du spät dran bist.	Erkläre den Kunden, warum ein Engpass/Verknappung vorliegt. Hilf Deinen Kunden, trotzdem zu profitieren.	Schaffe Klarheit für die nachfolgenden Schritte. Verteile Aufgaben und setze einen Termin.

Tab. 3: Dringlichkeit in drei Stufen

Um Verknappung überzeugend zu vermitteln, kannst Du aus unterschiedlichen Szenarien wählen:

- knappe Lagerbestände,
- lange Lieferketten,
- anstehende Preiserhöhungen,
- knappe Kapazitäten bei persönlicher Betreuung,
- Änderung rechtlicher Bestimmungen.

Wichtig ist, dass das gewählte Szenario glaubwürdig ist und sich nahtlos in die Gesamterzählung des Gesprächs einfügt. So bleibt die Botschaft authentisch und unterstützt den Entscheidungsprozess des Kunden.

Aufgabe

Welche Verknappung ist für Dein Angebot am passendsten?

Tab. 4: Aufgabe glaubhafte Dringlichkeit

3.2 Der Blow-out als Phönix aus der Asche

Wenn Dein Kunde sich mal wieder nicht entscheiden kann oder Du die durchschnittliche Zahl an Kontakten und Gesprächen schon lange überschritten hast, hilft Dir der Blow-out, um Deine Glaubwürdigkeit zu gewährleisten. Denn wozu Verknappung und Dringlichkeit, wenn es keinerlei Konsequenzen gibt?

Der Blow-out ist die aktive Absage an den Kunden – denn es ist besser, dem Kunden die Kaufmöglichkeit zu entziehen, als ihm wochenlang hinterherzurennen und dabei sein Gesicht zu verlieren. Es ist wie bei einem Kleinkind, das den Lolli nicht haben möchte: Packe ich den Lutscher weg, möchte es ihn haben. Der Gedanke, etwas nicht mehr bekommen zu können, lässt uns umdenken. Dieses Prinzip beruht auf dem psychologischen Effekt des Fear of Missing Out (FOMO).

> »Guten Tag, Herr Müller, entschuldigen Sie die kurze Störung. Ich wollte Ihnen nur kurz mitteilen, dass die gesamte Ausstellungsfläche bei der Konferenz anderweitig vergeben wurde. Leider kommen wir hier nicht zusammen. Ich danke Ihnen für Ihre Geduld. Sollte sich in Zukunft etwas ergeben oder sollten wir eine ähnliche Veranstaltung planen, würde ich mich noch mal melden, wenn es okay für Sie ist.«

Du siehst, es ist gar nicht schwer. Vielleicht ist Dein Gegenüber dann erleichtert, dass er Dir nicht absagen muss, und reagiert mit: »Ach, das ist schon okay, ich wollte Ihnen schon letzte Woche absagen.« In vielen Fällen klärt das die Luft und die Beziehung.

Manchmal ist es schade, dass es nicht geklappt hat und der Kunde bedauert, dass er den Zeitplan nicht einhalten konnte. Das ist wie bei Aktien, manchmal kommt man zu spät und verpasst ein gutes Geschäft. Aber das heißt nicht, dass Du den Kunden nicht in vier bis sechs Wochen wieder anrufen kannst.

> »Herr Müller, ich habe gute Nachrichten, einer unserer Aussteller hat Terminschwierigkeiten und schafft es nicht zur Konferenz. Meine Kollegen und ich telefonieren jetzt mit allen, die es nicht mehr geschafft haben. Sagen Sie, hätten Sie noch Interesse an dem Ausstellungsstand? Wer zuerst kommt, mahlt zuerst!«

Du siehst, der Blow-out hat für Dich keinerlei Konsequenzen. Du kannst immer wieder Kontakt aufnehmen, solange es glaubwürdig bleibt. Wenn der Kunde zum Beispiel bereits in der Verhandlung sagt, dass er die Budgetplanung für das nächste Jahr abwarten muss, kommt ihr heute eben nicht zusammen. Du kannst erneut anrufen, wenn die Planung durch ist.

Abb. 5: Der Verkaufsprozess

Durch die konsequente Nutzung einer glaubwürdigen Verknappung in Deinem Verkaufsgespräch gelingt es Dir, Deine Follow-up-Gespräche effektiver zu organisieren. Durch einen Blow-out bleibt dein Angebot länger attraktiv, und Du vermeidest es, zu einem lästigen Verkäufer zu werden, der den Kunden immer wieder belästigt, bis dieser schließlich komplett das Interesse verliert. Nach dem Blow-out hast Du, wie in Abbildung 5 dargestellt, jederzeit die Möglichkeit, den Faden wieder aufzunehmen und eine neue Runde starten, ohne dabei Dein Gesicht zu verlieren.

Storytime: »Herr Kronberg! Wir sind dabei!«

Ich arbeitete an einer Konferenz für den Finanzmarkt, Teilnehmer waren Banken und Sparkassen aus ganz Deutschland. Seinerzeit hatte ich nicht viel für Finanzinstitute übrig, mir waren die Menschen dort immer zu steif und zu abgehoben. Auch auf der Seite der Sponsoren wollte es nicht so recht flutschen. Das Thema war sehr fortschrittlich und so modern, dass es nur wenige Anbieter oder Berater gab, die diese Bühne für sich nutzen konnten. Meine Hoffnung lag auf einem möglichen Sponsor, der zumindest in der Bankenwelt bekannt war.

Ich pitchte die Marketingleitung eines deutschen Anbieters. Frau Kleeve war immer superbusy. Das Thema fand sie interessant und sie versprach, sich die Referenten und einzelnen Themenpunkte anzusehen.

»Vielen Dank, Frau Kleeve. Mein Problem ist, dass wir die Vermarktung innerhalb der Sponsoren langsam abschließen. Meine Produzentin wartet auf die letzten Zusagen der Referenten und danach kann ich Ihnen keinen Redebeitrag innerhalb der Konferenz mehr zusagen. Wir warten auch noch auf Feedback eines weiteren Sponsors. Es würde mich freuen, wenn wir Freitag die Lage kurz besprechen könnten. Dann wissen Sie, ob diese Konferenz etwas für Sie wäre, und ich hätte Klarheit.«
Wie versprochen meldete ich mich am Freitag wieder bei ihr, doch sie gestand, dass sie sich meine E-Mail und die Agenda nicht angesehen habe. Zähneknirschend vereinbarten wir, dass ich mich am Mittwoch in der folgenden Woche wieder melden würde. Der Tag kam und es passierte wieder nichts. Frau Kleeve war so beschäftigt, dass sie meine E-Mail erneut vergessen hatte.
»Ich kann verstehen, dass es zeitlich eng ist. Ich will Ihnen ja auch nicht vorschreiben, wann sie sich damit beschäftigen sollen. Meine Produzentin hat mir bis Freitag Zeit gegeben. Bis dahin kann ich Ihnen noch die Möglichkeit geben, für 10.500 Euro einen Ausstellungsstand auf der Konferenz zu platzieren und eine Kundenfallstudie zu präsentieren. Wir würden Ihr Firmenprofil in der Broschüre abdrucken. Sobald alles abgeschlossen ist, geht die Eventbroschüre zur Druckerei.«
Freitagmittags meldete ich mich bei ihr und sie gestand mir, dass sie es immer noch nicht geschafft hatte, sich mit der Agenda zu beschäftigen. Ich rang nach Worten und ging

meine Optionen durch. Ich konnte niemanden um Rat fragen, denn ich hatte die Dame am Telefon.
Da schossen mir Mikes Tipps durch den Kopf: »Was passiert, wenn Du einem Kleinkind den Lolli vor die Nase hältst und ihn dann wieder wegnimmst?« Da klickte es in meinem Kopf. Also entschied ich mich zum ersten Mal dafür, jemandem aktiv abzusagen und mein Angebot zurückzuziehen. Ich setzte den sogenannten Blow-out ein.
»Das ist in Ordnung, Frau Kleeve. Es scheint, dass wir hier nicht mehr zusammenkommen. Aber das macht nichts. Dann vergeben wir den Platz an jemand anderen. Ich würde mich aber in Zukunft melden, wenn wir eine ähnliche Veranstaltung im Programm haben. Vielleicht haben wir da beide mehr Zeit und Glück.«
Statt mich immer wieder bei ihr zu melden und mich unglaubwürdig zu präsentieren, war es besser, die Kaufofferte zurückzuziehen. Ich konnte ihr nicht eine weitere Woche einen Platz freihalten und weiter behaupten, dass die Deadlines knapp seien. Lieber ein Ende mit Schrecken. C'est la vie! Die Wahrheit war, dass wir keinen einzigen Sponsor gewinnen konnten. Ob das Thema zu speziell war oder der Zeitpunkt unglücklich – schwer zu sagen. Zum Glück liefen andere Veranstaltungen deutlich besser.

Gegen fünfzehn Uhr klingelte unsere »Open Phone Line«, die freie Nummer für Rückrufe – und Frau Kleeve war am Telefon. »Herr Kronberg! Wir sind dabei!«
Sie hatte es tatsächlich geschafft, meine E-Mail zu lesen! »Das freut, mich zu hören, Frau Kleeve. Leider ist das angebotene Paket des Ausstellers schon weg. Ich könnte Ihnen aber stattdessen den Co-Sponsor für 18.500 Euro anbieten. Als Kompensation können Sie einen weiteren Teilnehmer mitbringen und einen Referenten stellen.«

Und wie sie dabei waren. Frau Kleeve buchte noch am selben Tag das vorgeschlagene Sponsoringpaket. Eine Erkenntnis ging mir durch den Kopf: Hätte ich nicht eine Verknappung im Rahmen der Deadlines für Referenten eingesetzt, hätte ich ihr nicht glaubhaft absagen können. Verknappung funktioniert!

Urgency is your best friend!

4 Gatekeeper, Champion und Entscheider

Abb. 6: Kapitelnavigation Kapitel 4

Immer wieder bekomme ich Fragen dazu, wie man sich am besten an der Telefonzentrale oder im Vorzimmer verhält, um durchgestellt zu werden. Denn bist Du zu nett, wirst Du abgeblockt und gebeten, eine E-Mail an ein allgemeines Sammelpostfach zu senden. Tust Du so, als würdest Du Deinen Ansprechpartner schon seit Ewigkeit kennen, kann das schnell nach hinten losgehen, wenn dieser vor dem Durchstellen über den Anruf eines alten Bekannten informiert wird. Also: Charmeoffensive oder souveräne Zurückhaltung? Wie reagiert der Entscheider, wenn Du ihm eine Nachricht auf seinem Anrufbeantworter hinterlässt? Schauen wir uns die Möglichkeiten an. Auf los gehts los!

4.1 Gatekeeper – die klassischen Zugangshürden

Es gibt die unterschiedlichsten Meinungen und Ratschläge dazu, wie mit vorgeschalteten Filterfunktionen umzugehen ist. Denn ja, mittlerweile übernimmt die Telefonzentrale oder die Assistenz des Entscheiders nicht nur eine organisatorische Aufgaben bei der Kommunikation, sondern auch eine Filterfunktion. Unbeliebte Anrufer sollen dem Fachpersonal schließlich keine Zeit und Nerven rauben. Leider stehen Verkäufer und all jene, die Produkte oder Dienstleistungen anbieten, ganz oben auf der Liste der Personae non gratae. Natürlich gibt es spezielle Abteilungen, die ausschließlich für den Einkauf zuständig sind, doch diese sind oftmals nur bei bestimmten Verbrauchsmaterialien von Bedeutung.

Möchtest Du dem Unternehmen eine neue Software für die Reiseabrechnungen anbieten, hilft Dir kein Einkäufer weiter: Diese kaufen nur ein, was das Fachgremium oder das Management beschlossen haben, einzukaufen. Solltest Du zum Beispiel Verpackungsmaterial mit vorab konfektioniertem Klebeband verkaufen anstelle eines Kartons mit separatem Klebeband, musst Du in den meisten Fällen erst einmal die Versandabteilung von Deiner Systemkartonage überzeugen. Im Anschluss macht sich der Einkauf in die Spur und vergleicht passende Angebote.

Das Problem: Die Entscheider der Fachabteilungen oder die entsprechende Geschäftsführung werden meist durch eine Assistenz unterstützt, die in erster Instanz das Firmentelefon bedient. Solltest Du keine Mobilnummer Deines Ansprechpartners haben, wird nach einer der zwei gängigsten Methoden verfahren.

- **Die Schwarze Liste**
  Die Schwarze Liste ist, ganz pragmatisch, eine Liste der Personengruppen, die herausgefiltert und nicht durchgestellt werden. Ganz oben auf der Liste: Verkäufer, Berater, Consultants und all diejenige, die dem Unternehmen etwas anbieten möchten. Also Du. Das Augenscheinliche: Menschen, die bei der Telefonzentrale landen, kennen weder die Durchwahl noch die Handynummer Ihres Ansprechpartners. Es ist also davon auszugehen, dass viele Anrufe einen vertrieblichen Hintergrund haben.
- **Die Weiße Liste**
  Die Weiße Liste ist noch genauer. Es werden nur Personen- oder Personengruppen durchgestellt, die auf dieser Liste stehen. Das kann die Hausbank oder der Steuerberater sein, aber auch der Kindergarten oder der Hausarzt, der einen Termin abstimmen möchte. Naturgemäß stehen keine Verkäufer oder Business Consultants auf dieser Liste. Da Familienmitglieder höchstwahrscheinlich direkt auf dem Handy der entsprechenden Person anrufen, ist die Weiße Liste recht kurz.

4.1.1 Der Umgang mit der Telefonzentrale

Die Telefonzentrale ist der Einfallort für alle betriebsfremden Anrufer, denn hier landen all diejenigen, die keine Kontaktdaten oder Durchwahlen der Personen besitzen, die sie sprechen wollen. Manchmal werden Telefonate auch auf die Zentrale umgeleitet, wenn der Ansprechpartner im Urlaub oder anderweitig nicht zugegen ist.

Schauen wir uns mal die Personen an, die an das Telefon gehen und den Job der Zentrale ausfüllen: Hier treffen wir Rezeptionisten, Office Manager, Sachbearbeiter, Studenten und Aushilfskräfte an. In kleinen Unternehmen übernehmen gelegentlich auch die Ehepartnerin der Geschäftsführung oder Mitarbeitende aus der Buchhaltung diese Aufgabe. Wir sollten uns auf jeden Fall vorher schlaumachen, wie groß das Unternehmen ist. Denn je kleiner das Unternehmen, desto unwahrscheinlicher haben wir es mit Hilfskräften zu tun.

Einer der größten Fehler der Verkäufer ist es, die Telefonzentrale genauso wie den Entscheider zu behandeln – auf Augenhöhe. Dass heißt aber nicht, dass Du die Erlaubnis hast, unfreundlich zu sein. Auch darfst Du als Sales Insider nicht wie ein Verkäufer klingen! Jetzt kommt das eigentliche Dilemma: Weil wir Verkäufer von Natur aus freundlich sind und es gewohnt sind, Menschen auf Augenhöhe zu begegnen, werden wir schnell als Verkäufer entlarvt. Und damit finden wir uns mittendrin auf der Schwarzen Liste wieder. Ärgerlich.

Am besten ist es, wie derjenige zu klingen, den Du sprechen willst, denn Du bist auf Augenhöhe mit dem Entscheider und nicht mit jemandem am Empfang. Häufig heben Verkäufer die Telefonzentrale auf dieselbe Ebene wie den Chef oder begeben sich unbewusst auf eine niedrige Position – ein entscheidender Fehler!

Weißt Du, wie ein Entscheider klingt, der genervt davon ist, nicht denjenigen am Apparat zu haben, den er angewählt hat? Er spricht sachlich, ist leicht bis mäßig gestresst und sieht in der Zentrale ein Hindernis, das er schnell hinter sich lassen will. Er ist nicht überschwänglich freundlich und stellt sich nicht groß vor, da er kein längeres Gespräch mit der Telefonzentrale führen will. Seine Stimme besitzt eine gewisse Autorität und Klarheit, ohne viele Füllwörter oder Konjunktive.

Unser Auftreten sollte das eines Entscheiders widerspiegeln. Wollen wir den Geschäftsführer sprechen, so sollten wir auch klingen wie ein Geschäftsführer. Suchen wir die Leiterin oder den Leiter der Abteilung Finanzen, dann sollten wir uns genauso benehmen wie ein Mensch in dieser Position.

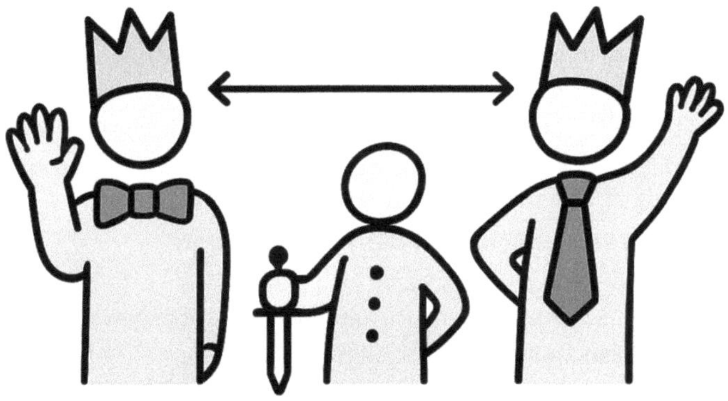

Verkäufer und Kunde treffen sich auf Augenhöhe

Abb. 7: Sei auf Augenhöhe mit dem Entscheider und nicht mit der Telefonzentrale

Beispiel: Falsches Verhalten bei der Telefonzentrale

»Einen wunderschönen guten Morgen! Mein Name ist Sascha Kronberg von der ABC-Verpackungsgesellschaft. Sagen Sie, ich bin auf der Suche nach dem Ansprechpartner für das Thema Versandverpackungen. Ist denn in dieser Angelegenheit Herr Meyer zu sprechen?«

Ganz klar klinge ich hier wie jemand, der ein Produkt oder eine Dienstleistung anbieten möchte: Ich bin überschwänglich freundlich, wünsche sogar einen »wunderschönen« guten Morgen, staffiere die Begrüßung mit füllenden Adjektiven aus. Ich stelle mich fremden Leuten gerne vor, damit sie wissen, mit wem sie es zu tun haben, aber ich möchte kein Gespräch mit der Telefonzentrale anfangen. Ich rate Dir daher, den Firmennamen entweder komplett wegzulassen oder die Kurzform zu erwähnen. »Sascha Kronberg von ABC« reicht völlig. »ABC-Verpackungsgesellschaft« in Klarform führt eher dazu, den Anrufer als einen Kandidaten für die Schwarze Liste zu enthüllen.

Obwohl ich einen Ansprechpartner identifiziert habe, scheine ich mir nicht sicher zu sein und frage vorsichtshalber nach, ob denn Herr Meyer mein richtiger Gesprächspartner sei. Die Formulierung »Ich bin auf der Suche« verstärkt den Eindruck meiner Unsicherheit: Ganz offensichtlich habe ich noch nie mit Herrn Meyer gesprochen und ich kenne mich im Unternehmen nicht aus, sonst würde ich nicht fragen.

Wozu all das führt? Die Telefonzentrale hat keine andere Wahl, als mich als Verkäufer zu identifizieren. In Fällen der Höflichkeit qualifiziert sie mich, indem sie fragt, ob ich ein Produkt oder eine Dienstleistung anbieten möchte. Egal, wie freundlich ich war: Sie hat nun keine andere Wahl, als mich abzuweisen beziehungsweise mich zu bitten, meinen Wunsch schriftlich per E-Mail zu formulieren und an die info@-Adresse zu senden. Dort werde sich bestimmt jemand zurückmelden, falls jemand im Hause Interesse habe, mich und mein Angebot näher kennenzulernen.

In der Realität liest niemand diese E-Mails und ich werde auch keine Antwort erhalten. Mein Angebot landet im modernen Papierkorb für Werbeprospekte und Angebote.

Beispiel: Besserer Umgang mit der Telefonzentrale

»Guten Morgen. Sascha Kronberg. Ich hatte Herrn Meyer angewählt – ist er im Haus? Bitte stellen Sie mich durch, danke.«

In diesem Beispiel gebe ich einzig notwendige Informationen preis: Ich habe meinen Ansprechpartner angewählt, womöglich habe ich die Durchwahl und Herr Meyer hat auf die Zentrale umgestellt. Oder es sind die Tücken der Technik am Werk. Ich frage nicht um Erlaubnis, um durchgestellt zu werden, sondern erteile der Telefonzentrale die Direktive, dieses zu tun. Dabei wirke ich nicht unfreundlich. Ich inkludiere die Frage »ist er im Haus?«, um weniger Rückfragen zu provozieren. Tatsächlich signalisiert der Dank am Ende, dass ich keine Rückfragen erwarte und das Gespräch mit der Zentrale für mich beendet ist.

Wie Du in diesem Beispiel siehst, habe ich keinen Firmennamen genannt. Mein Name ist bereits genug an Informationen, denn ich sollte bereits Herrn Meyer bekannt sein.

Sollte ich energisch aufgetreten sein, wird es den Empfang etwas Überwindung kosten, mich nach meinem Anliegen zu fragen. Denn wer stellt sich gerne gestressten Managern in den Weg? Der Mensch steckt in seiner Komfortzone und im Zweifel stelle ich durch, um die schlechte Laune nicht abzubekommen. Bei größeren Firmen ist auch nicht zu erwarten, dass im Anschluss des Gesprächs Herr Meyer zornig zur Telefonzentrale geht, um seinen Frust abzulassen.

Was nun, wenn die Telefonzentrale dennoch nach meinen Firmennamen oder Anliegen fragt? Ganz einfach:

Beispiel: Umgang bei Nachfragen der Telefonzentrale

»Würden Sie Herrn Meyer sagen, dass Sascha Kronberg von ABC ihn sprechen muss? Danke!«

Ich gebe nur ein Minimum an Informationen und stelle zugleich eine Rückfrage, die ich mit einem Dank abschließe, um weiteres Nachfragen zu vermeiden. Grundsätzlich sende ich keine Informationen per E-Mail, schon gar nicht an info@-Adressen. Werde ich gebeten, mein Anliegen schriftlich kundzutun, antworte ich lediglich mit:

Beispiel: Umgang bei Aufforderung eine E-Mail zu senden

»Aus datenschutzrechtlichen Gründen ist es mir nicht möglich sensible Daten an unautorisierte öffentliche Postfächer zu versenden. Gerne sende ich Herrn Meyer Informationen nach persönlicher Rücksprache. Ist er da? Danke!«

Und so geht das Spiel weiter, bis einer von uns beiden nachgibt. Im nächsten Kapitel, dem Umgang mit Assistenten der Geschäftsleitungen, besprechen wir noch weitere Techniken.

Extra-Tipp

Ich weiß, es ist gegen die gesellschaftlichen Gepflogenheiten, auf Höflichkeit zu verzichten. Der Verzicht auf Höflichkeitsfloskeln bedeutet jedoch nicht, dass man am Telefon unfreundlich oder gar brüsk auftreten sollte. An Rüpel, die aus der Reihe fallen, erinnert man sich bestens. Deine Intention sollte sein, **keinen** bleibenden Eindruck zu hinterlassen.

4.1.2 Der Umgang mit der Assistenz der Geschäftsleitung

Neben der Telefonzentrale gibt es die freundliche Assistenz der Geschäftsleitung. Meist ist diese professionell, freundlich und verbindlich. Sekretärinnen und Sekretäre gehen über das Maß der organisatorischen Zuarbeit hinaus: Sie bereiten thematisch

Geschäftsvorgänge für den Vorgesetzten auf, fassen Informationen zusammen und haben daher einen größeren Handlungsspielraum. Sie filtern nicht nur eingehende Telefonate, sondern bewerten diese auch inhaltlich. Sekretärinnen und Sekretäre entsprechen nicht mehr dem Klischee von vor fünfzig Jahren.

Abb. 8: Defensiv, indirekt oder offensiv?

Der defensive Umgang mit dem Vorzimmer

Manche Verkäufer nutzen die Assistenzfunktion des Vorzimmers und bitten um Hilfe. Sie erklären ihr Anliegen im Detail und versuchen dann, dem Helfenden klarzumachen, wie wichtig die Informationen für den Chef und sein Unternehmen seien. Damit erheben sie die Assistenz in den Stand des Entscheiders, da diese jetzt bestimmen, ob sie damit zum Boss gehen oder den Verkäufer nicht vorbeilassen. In vielen Fällen wird dann eine E-Mail verlangt, um diese dem Entscheider vorzulegen. Meist gelingt es der E-Mail dann nicht, die tatsächliche Relevanz des Angebots überzeugend zu vermitteln, da es sich oftmals um eine schnöde Marketing- oder Sales-E-Mail handelt.

Ich habe zu dieser Taktik ein gespaltenes Verhältnis. Einerseits kann man das Vorzimmer nicht überfahren wie eine Telefonzentrale, da die Personen dort den Schlüssel zum Vorgesetzten in der Hand halten und ein sehr hohes Maß an Vertrauen genießen. Anderseits kann die Assistenz nicht über den Bedarf und die weitere Schritte entscheiden. Der Verkäufer vertraut also auf eine dritte Person, um dem Entscheider sein Anliegen zu verkaufen.

Aber wer kann die Benefits dem Chef besser erklären? Der Sekretär oder Du? Wer kennt sich besser aus, hat mehr Argumente und gibt nicht so leicht auf? Na, Du! Warum das Feld einer dritten Person überlassen, die lediglich eine Gefälligkeit übermittelt?

Indirekt: die Umgehungstaktik

Am besten ist es, das Sekretariat komplett zu umgehen und alternative Wege zum Entscheider zu suchen. Wenn ich diesen erreichen möchte, nützt es mir nichts, eine Nachricht zu hinterlassen. Probiere stattdessen die folgenden Taktiken aus:

- Sollte mein Ansprechpartner in Meetings oder anderweitig nicht zu sprechen sein, versuche ich, den besten Zeitpunkt für einen Anruf zu erfahren. Ich will aber auch wissen, wann die Assistenz nicht im Haus ist. Morgens oder spätabends stehen die Chancen nicht schlecht, dass der Entscheider selbst ans Telefon geht.
- Wie sieht es mit Mittagspausen aus?
- Welche Durchwahl hat das Vorzimmer? Ist eine -01 oder -02 am Ende, kann ich mit der -00 die Nummer des Chefs ableiten?
- Liest er seine E-Mails selbst? Wie lautet die E-Mail-Adresse des Sekretärs? Kann ich daraus die persönliche E-Mail meines Ansprechpartners ermitteln?
- Finde ich meinen Ansprechpartner auf professionellen Netzwerken wie LinkedIn? Kann ich es durch Nachrichten direkt auf sein Smartphone schaffen, wenn er ein aktiver User ist?
- Vielleicht wähle ich beim nächsten Versuch eine falsche Durchwahl und lande in einer ganz anderen Abteilung. Möglicherweise treffe ich dabei jemanden, der in die Telefonliste schaut und mir die richtige Nummer verrät. Ich kann es auch bei einer anderen Niederlassung versuchen und mich querverbinden lassen. Der Beschützerinstinkt erstreckt sich im Allgemeinen nur auf das eigene Revier. Sobald es jemand anderen betrifft, sind manche viel lockerer mit dem Durchstellen.

Offensiv: das technische Statement

Wie gehen wir mit der gebildeten Assistenz um, die nicht so schnell überrumpelt werden kann? Auch hier gilt das Prinzip der Augenhöhe.

Versetzen wir uns in die Lage der Geschäftsleitung. Stell Dir vor, Du hättest ein Sekretariat, das Dir viele Aufgaben abnimmt. Die Menschen um Dich herum wissen viel mehr private Dinge von Dir als jeder andere in der Firma. Wie würdest Du diesen Personen gegenübertreten? Wahrscheinlich ein wenig mehr als nur kollegial, sondern freundlich, wobei der nötige Respekt von beiden Seiten gewahrt wird. Auch wenn formale Hierarchien bestehen, basiert die Zusammenarbeit auf gegenseitiger Wertschätzung. Ich fahre daher am besten, wenn ich eine gewisse Autorität in meiner Stimme mitklingen lasse, ohne unfreundlich zu sein.

Inhaltlich möchte ich jedoch der Person zu verstehen geben, dass ich auf der Ebene des Chefs stehe und ich Dinge zu besprechen habe, die für ihn höchste Relevanz haben. Sehr detaillierte und unverständliche Abkürzungen und Begriffe, die durch bloßes Zuhören die Informationen schwer aufzunehmen und zu begreifen sind, helfen dabei, diese Position zu unterstreichen.

Das technische Statement

Auf die Frage »Worum geht es?« antworte ich zum Beispiel:

»Es geht um die implizierte Preis-Volatilität der JiS-Optionen bei wechselnden Parametern.« (Es geht hier um die Schwankung von Einkaufspreisen bei auseinandergehenden Just-in-Sequence-Lieferungen bei unterschiedlichen Optionen und Zusätzen.)

Wichtig ist, dass das Statement mit eurem Anliegen zusammenhängt und nicht aus der Luft gegriffen ist. Wenn Du Software für Reisekostenabrechnungen anbietest, wären es andere Merkmale, die mit Deinem Produkt zu tun haben. Solltest Du an diesem Punkt durchgestellt werden, solltest Du in der Lage sein, die Situation aufzulösen, damit Du glaubhaft bleibst.

In vielen Fällen wirst Du jedoch die Assistenz überraschen und es liegt nahe, dass er oder sie nochmals nachfragt, da das Gesagte nicht verstanden worden ist. Du könntest den Knoten lösen, aber dann hättest Du nichts gewonnen. Besser ist, eine genau so komplexe Antwort nachzureichen.

Weiterführendes technisches Statement

»Die implizierte Preisvolatilität wird mithilfe von Binomialbäumen ermittelt. Dabei wird ein diskreter stochastischer Prozess zugrunde gelegt. Ich erkläre es Ihnen gerne, wenn ich wieder bei Ihnen im Hause bin.«

Ich würde vermuten, dass die meisten Menschen hier aussteigen und komplett verwirrt sind. Um nachvollziehen zu können, worum es überhaupt geht, hier zur Orientierung zwei gängige Definitionen aus dem Internet zu den Begriffen Binomialbaum und stochastischer Prozess:

- Binominalbaum: Modell zur Ermittlung von zukünftigen Kursen oder Renditen, deren künftige Entwicklung unsicher ist. Ausgehend vom aktuellen Kursniveau (S) bzw. Renditenniveau werden unter Berücksichtigung der Volatilität und Eintrittswahrscheinlichkeit zukünftige Kurse bzw. Renditen zu verschiedenen Zeitpunkten ermittelt[1].
- Stochastischer Prozess: Ein stochastischer Prozess (auch Zufallsprozess) ist ein mathematisches Objekt zur Modellierung von zufälligen, oft zeitlich geordneten, Vorgängen[2].

Du kannst das technische Statement bereits bei der Telefonzentrale anwenden, solltest Du dort gefragt werden, worum es bei dem Gespräch geht.

4.2 Champions im Buying Center – Verbündete im Verkaufsprozess

In einem komplexen B2B-Verkauf sind Kaufentscheidungen oft vielschichtig, da mehrere Abteilungen und Funktionsebenen in den Prozess eingebunden werden. Neben dem Geschäftsführer oder Prokuristen, der das finale Wort hat und daher »Ja« sagen kann, auch wenn alle anderen »Nein« sagen, spielen – je nach Unternehmensgröße – insbesondere Fachabteilungen und der Einkauf eine wichtige Rolle. Die Entscheiderebene bestimmt zwar letztendlich über Budget und Kauf, aber die Bewertung eines Angebots oder eines Produkts übernimmt eine Fachabteilung ein paar Etagen darunter. Obwohl es immer das Ziel sein sollte, die oberste Ebene zu erreichen, kann es sinnvoll sein, Recherche in den Abteilungen darunter zu betreiben. Eine Fachabteilung ist wesentlich leichter ans Telefon zu bekommen und einen Abteilungsleiter kannst Du eher davon überzeugen, dass ein Tool oder eine Software zielführend für die Produktivität sein wird.

Wir nennen diese verbündeten Personen »Champions«, weil sie nicht nur von unserer Lösung überzeugt sind, sondern diese auch aktiv im Unternehmen promoten. Sie agieren als interne Botschafter, da sie einen echten Mehrwert für sich selbst, für ihr Team oder für das Unternehmen sehen. Auch wenn du zu einem Meeting nicht eingeladen wirst, so sei Dir dennoch gewiss, dass Dein Champion als Stellvertreter Deine Sache unterstützt. Sie halten Projekte am Leben und erhöhen signifikant die Wahrscheinlichkeit für einen erfolgreichen Abschluss.

Ein starker Champion hilft, den Verkaufszyklus zu beschleunigen, Informationslücken zu schließen und politische Stolpersteine frühzeitig zu erkennen. Ohne einen Champion bleibt Deine Lösung oft nur eine von vielen Optionen — was den Einfluss des Einkaufs stärkt und Deinen Gewinn schmälert.

Champions gewinnst Du, indem Du Personen identifizierst, die einen persönlichen Nutzen aus der Lösung ziehen und Einfluss innerhalb des Unternehmens haben. Pflege die Beziehung und rüste die Champions mit Argumentationshilfen, Beispielen und Informationen aus, damit sie intern überzeugen können.

Ein Champion ersetzt jedoch nicht das Gespräch mit dem Entscheider, es sei denn, das Unternehmen hat von vorneherein einen Bedarf und es handelt sich um ein Transaktionsgespräch.

4.3 Digitale Gatekeeper – der Umgang mit Mailboxen und Sprachnachrichten

Kennt Ihr das? »Sieben Mailboxnachrichten, auf die euer Gesprächspartner garantiert zurückruft!« Immer wieder stößt man auf Tipps, wie man die perfekte Nachricht für die Mailbox formuliert. Ich habe alle davon ausprobiert – und wie zu erwarten, funktioniert diese Masche nur bei Gesprächspartnern, die Dich kennen und die Dir wohlgesonnen gegenüberstehen. Bei Erstkontakten hingegen bleibt der Rückruf in der Regel aus. In der Zeit von WhatsApp sind Mailboxnachrichten aber so selten geworden, dass ich sie tatsächlich abhöre.

Der Informationskern einer Sprachnachricht

Eine Nachricht, die wir einem Entscheider hinterlassen, der uns noch nicht kennt, sollte folgende Informationen beinhalten:

1. Wer ruft an?
2. Warum ruft er an?
3. Was möchte er von mir? CTA!
4. Was ist für mich drin, wenn ich zurückrufe?

Eine Nachricht könnte beispielsweise folgendermaßen lauten:

Beispiel: Negatives Beispiel einer Voicemail

»Hallo Herr Meyer, mein Name ist Sascha Kronberg von der ABC-Verpackungsgesellschaft in Hannover. Es geht um konfektionierte Versandboxen, die Klebestreifen für den sicheren Verschluss beinhalten und Ihnen nicht nur das Klebematerial einsparen, sondern auch den Arbeitsschritt des Zuklebens. Gerne würde ich Ihnen ein paar Muster zusenden, wenn ich die typischen Maße Ihrer Versandboxen in Erfahrung bringen könnte. Über einen Rückruf würde ich mich freuen. Sie erreichen mich unter der Rufnummer [Nummer]. Auf Wiederhören!«

Der Verkäufer gibt freiwillig das Überraschungsmoment auf

Wenn ich eine Nachricht wie im obigen Beispiel hinterlasse, ist es klar, dass ich meine Intention ankündige und ich der Kunden nun weiß, dass es sich wahrscheinlich um eine Verkaufsofferte handelt. Ich halte es für besser, solche Nachrichten **nicht** zu hinterlassen, um die Chancen und das Überraschungsmoment zu wahren.

Nachrichten, um eine E-Mail beantwortet zu bekommen

Kennst Du die E-Mail-Adresse Deines Gesprächspartners, sind Nachrichten sinnvoller, die auf die E-Mail verweisen, die Dein Kunde beantworten soll.

Beispiel: Voicemail

»Hallo Herr Meyer, Sie brauchen mich nicht zurückzurufen, ich bin gerade dabei, Ihnen eine E-Mail zu senden. Wir kümmern uns um das Problem unnötiger Arbeitsschritte im Versand, die die Effizienz herabsenken. Vielleicht könnten Sie mir einfach kurz zurückschreiben. Die E-Mail kommt von Sascha Kronberg von XY. Vielen Dank und auf Wiederhören.«

Im Gegensatz zur vorherigen Nachricht hinterlasse ich keinen Mini-Sales-Pitch, mit dem ich die Vorteile präsentiere, sondern drehe den Spieß um, indem ich das Problem in den Vordergrund stelle. Da viele bereits nach wenigen Sekunden Werbenachrichten löschen, empfiehlt es sich, das Wichtigste zuerst zu nennen. Da Dein Name das Unwichtigste in dieser Nachricht ist und nur zur Identifizierung der E-Mail beiträgt, kommt dieser zuletzt.

Anleitung:

1. Ich nehme den Druck des Rückrufs heraus, indem ich auf eine E-Mail verweise.
2. Ich skizziere das Problem, das ich löse, damit das Gespräch einen Sinn ergibt.
3. Ich binde meinen CTA ein.
4. Ich erwähne meinen Namen und von welcher Firma die E-Mail kommt.

Storytime: »Never fool the foolmaster«

Unser Sponsorship-Team expandierte. Als Erstes holte ich meinen Kumpel Helge mit ins Boot – ironischerweise derselbe, der mir damals davon abriet, zu dieser Firma zu wechseln. Des Weiteren bekamen wir Verstärkung aus dem Team der Ticketverkäufer. Unser großer Vorteil war es, dass alle wussten, wie erfolgreich wir waren und welche Verdienstmöglichkeiten sich auftaten, wenn man den Sprung ins Big Ticket Team schaffte. Eigentlich wollte ich Stephan überreden, der wollte aber lieber an seiner Karriere als Sales Manager arbeiten. Stattdessen kamen Gabriele und Natalie dazu – eine Bereicherung für unser Teamklima: Mit mehr Diversität im Team wuchs auch der gegenseitige Respekt.

Helge und Martin kamen miteinander aus, konnten jedoch unterschiedlicher kaum sein: Während Helge der Teamplayer war, der morgens Kuchen und Süßigkeiten für alle ins Büro schleppte, zählte für Martin nur sein eigenes Portemonnaie. Helge kümmerte sich darum, dass es allen gut ging. Martin schlich sich weiterhin heimlich abends auf die hippen Partys, um die Buffets und Weine, die dort serviert wurden, zu genießen. Helge war an Stabilität und Sicherheit interessiert, Martin an Spaß und dem nächsten Kick.

Diese Gegensätze machten sich auch während der Arbeit bemerkbar. Martin übertönte mit seiner sehr lauten Stimme jede Telefonzentrale und hatte keine Probleme damit, durchgestellt zu werden. Wenn er abblitzte, zuckte er mit den Schultern, rief eine zufällige Nebenstelle im Unternehmen an und ließ sich vom verdutzten Gesprächspartner an die richtige Durchwahl verbinden. Wenn das ebenso schiefging, wiederholte er diese Taktik, bis ihn jemand versehentlich durchstellte – oder bis er die Lust verlor.

Helge hingegen spielte den freundlichen Geschäftsmann. Seine Methoden hätte man als defensiv beschreiben können. Er versuchte, über das Vorzimmer Vertrauen aufzubauen – meist bei Assistentinnen. Oftmals bezog er sich auf Regionen und Ortschaften und schaffte es, eine positive Bindung aufzubauen. Seine Taktik, die ich schon aus den Auto-Zeiten kannte, war Beharrlichkeit. Doch nur selten erklomm er die Mauern, die sich vor ihm auftaten. Letztendlich war das Vorzimmer keine Freundin, sondern die Brandmauer.

Als Manager des Teams koordinierte ich alle Aktivitäten, führte Gespräche mit Bewerbern und schulte einzelne Verkäufer, wenn nötig. Das Problem war auch, dass Helge ein Freund aus meinem privaten Umfeld war, der nur schwer meinen Rat annehmen konnte. Ich bat mein Team, sich gegenseitig zu unterstützen, wo es nur ging.

Eines Tages nahm Natalie Helge zur Seite und sagte: »Helge, warum pitchst Du die Sekretärin? Das bringt doch nichts!«

»Na, bevor ich an niemanden herankomme, nehme ich lieber das Vorzimmer. Dann ist die Chance zwar klein, aber vielleicht hat ja mein eigentlicher Ansprechpartner Interesse und ruft zurück.«
Natalie klatschte sich mit der Hand auf die Stirn. »Und wie viele rufen Dich zurück?«
»Äh, nicht viele, leider. Aber kann ja noch kommen.«
Kurzerhand zog Natalie Helge an ihren Schreibtisch: »Komm mit, ich zeige Dir mal, wie das geht. ***Never fool the foolmaster!*** *« Sie nahm einen der Notizzettel einer Firma zur Hand, die sich mit Software für Banken beschäftigte, und tippte die Telefonnummer in das Tischtelefon. »Nenne am Anfang nicht den Namen Deiner Firma, der sagt den meisten Telefonzentralen schon was. Nur leider nichts Gutes.«*
»Und was dann? Rufst du als Privatperson an?«
»Nein, vom Lindencorso.«
»Lindencorso?«
»Ja, so heißt doch das Gebäude, in dem wir sitzen. Lindencorso, Straße Unter den Linden in Berlin, falls jemand nachfragt. Jetzt schnapp Dir die Muschel und höre zu!«
Jedes Telefon hatte eine zweite Ohrmuschel zum Mithören – für Trainingszwecken oder gar Lärmschutz-
Helge nahm die Muschel und presste sie sich ans linke Ohr. Nach längerem Klingeln meldete sich ein junger Mann in der Telefonzentrale. Natalie verschwendete keine Zeit mit Höflichkeiten, sondern platzte direkt in seine Begrüßung hinein.

»Guten Tag, Natalie [Nachname], aus dem Lindencorso in Berlin. Unsere Geschäftsführung möchte mit Geschäftsführer Christian Bergmann sprechen. Bitte stellen Sie mich zu seinem Sekretariat durch. Danke.«
Der junge Mann verstummte und nach kurzem Klingeln meldete sich eine Dame, wahrscheinlich aus Herrn Bergmanns Vorzimmer.
»Natalie [Nachname], aus dem Lindencorso in Berlin, ich möchte ein Gespräch für meinen Chef durchstellen, bitte verbinden Sie mich mit Herrn Bergmann. Danke.«
Natalie sprach mit der Autorität einer erfahrenen Assistentin – nach einem kurzen Austausch wurde sie direkt zu Herrn Bergmann verbunden. »Herr Bergmann, mein Name ist Natalie [Nachname]«, säuselte sie ins Telefon. »Ich arbeite mit den internationalen Großbanken in ganz Europa zusammen, die momentan auf Weisung der EU ihre IT-Systeme und Software umstellen müssen. Kann ich davon ausgehen, dass sowohl die Bank of Scotland als auch die BNP Paris mit einem geschätzten Investitionsvolumen von zig Millionen Euro auf der Liste Ihrer Wunschkunden stehen?«

Helge nahm die Hörmuschel vom linken Ohr. Natalie spielte also souverän ihre eigene Vorzimmerdame und schaffte es so bis zu den Entscheidern in den höchsten Ebenen. Dabei blieb sie eisern und professionell. Zwar sparte sie im ersten Kontakt mit Höflichkeitsfloskeln, beim Entscheider war sie jedoch wie ausgewechselt und schaffte es stets, eine Bindung aufzubauen und zu überzeugen. Viele im Team bewunderter ihr Talent. Ich musste unwillkürlich schmunzeln und machte mir eine innerliche Notiz, mehr zu delegieren und vorhandene Stärken gezielter zu nutzen.

Helge kam grinsend zu mir, während Natalie noch am Telefon war: »Der Mann, den sie mal heiratet, trägt vielleicht eine Hose, aber Natalie sagt ihm, welche.«

Fazit Teil 1

Durch den Zugang zu frei verfügbaren Informationen sind Unternehmen nicht mehr Berater und Vertreter angewiesen, sondern informieren sich selbstständig. Vorbei ist die Zeit, wo es ausreichte, Produktmerkmale und Vorteile herunterzurasseln. Vielmehr müssen Verkäufer in der Lage sein, Prioritäten von Problemen zu verändern. Durch den direkten Dialog kannst Du individuelle Probleme und Bedürfnisse erkunden und bedarfsgerecht argumentieren.

Der Kaufprozess von der Erstansprache bis zum Kaufabschluss sollte in mehrere Teilschritte unterteilt werden, damit das Commitment und Risiko für den Kunden überschaubar bleiben. Die Ziele und das Augenmerk der einzelnen Dialoge innerhalb des Prozesses ändern sich je nach Art des Gesprächs. Die Kernfaktoren Beziehung, Relevanz und Zeit haben Einfluss auf die Ausgestaltung des jeweiligen Austauschs.

Faktoren für erfolgreiche Verkaufsgespräche:

Je relevanter ein Thema, desto intensiver die Beratung. Je besser die Beziehung, desto höher sind das entgegengebrachte Vertrauen und die Chancen, detaillierte Fragen zu stellen.

Mithilfe von natürlicher Verknappung kann der Zeitrahmen des Kaufprozesses beschleunigt werden. Umso wichtiger ist es, nicht zu lange an stagnierenden Verkaufschancen festzuhalten, sondern dem Kunden die Kaufmöglichkeit zu entziehen.

Die Telefonzentrale und Assistenten haben eine Screeningfunktion, um unerwünschte Gespräche zu blockieren. Sei außergewöhnlich und stelle Dich mit Deinem gewünschten Ansprechpartner auf eine Stufe, um durchgestellt zu werden. Nutze alternative Wege, um den Entscheider zu erreichen. Binde sogenannte Champions in den Verkaufsprozess ein. Diese Verbündeten helfen Dir, Deine Positionen im Entscheidungsprozess zu vertreten.

Die Voicemail ist ein technisches Hilfsmittel, um Rückrufe zu erhalten. Nutze diese am besten mit bekannten Kunden oder als Instrument, um eine schriftliche Kommunikation per E-Mail zu etablieren.

Teil 2 – Die Psychologie des Kaufens nutzen

5 Bedürfnis, Bedarf und Kaufmotive

Abb. 9: Kapitelnavigation Kapitel 5

5.1 Wie wird aus einem Bedürfnis echte Nachfrage?

In einer Welt ohne Mängel gäbe es keinen Antrieb zur Veränderung – alles bliebe, wie es ist. Wenn alles rund läuft, quasi schmerzfrei, warum sollte ich mich dann noch anstrengen? Wenn ich alles habe, was ich brauche, um glücklich zu sein, warum sollte ich mich aus meiner Komfortzone bewegen? »Never change a running system!« – dieser Gedanke beschreibt das Verhalten vieler Kunden nur allzu treffend.

Bedürfnisse sind der Motor unseres Handelns. Wenn wir ein ungelöstes Problem erkannt haben, können wir auch die Auswirkungen, die es auf uns hat, konkretisieren. Ab und zu sind Herausforderungen offenkundig und der Bedarf ist schnell definiert, manchmal jedoch entdecken wir die Notwendigkeit des Handelns erst auf den zweiten Blick. Wir registrieren vor unserem geistigen Auge den Ist-Zustand und gleichen diesen mit dem Soll-Zustand ab.

Die Lücke zwischen Status quo und Vision

Der Soll-Zustand ist unsere Vision, das gewünschte Ergebnis und das Ziel, das wir erreichen wollen. Die Lücke zwischen den beiden Zuständen ist der Bedarf.

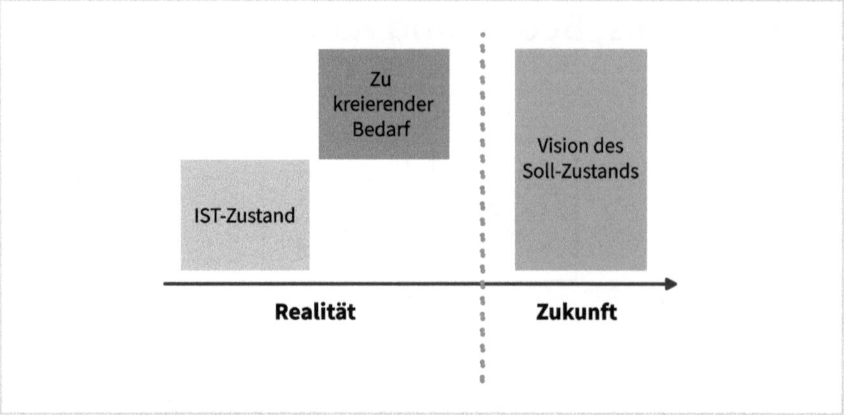

Abb. 10: Abgleich zwischen Soll-Zustand und Ist-Zustand

Für Konsumenten suggeriert das Marketing mithilfe der Werbung, welches Ziel wir anzustreben haben. Wie schön kann das Leben mit dem richtigen Erfrischungsgetränk sein? Im Falle des Schönheitsideals bedient sich die Werbung eines Defizits, da kaum ein Mensch dem Ideal entspricht. Mit der richtigen Antifaltencreme kann ich das Manko ausgleichen und die Bedarfslücke schließen. Die Limonade hingegen bedient sich des Wachstums und zeigt uns, wie viel mehr Freude und Spaß wir haben können. Beispiele: Red Bull lässt uns fliegen, Ferrero Raffaello versetzt uns gefühlsmäßig ins Paradies mit Kokospalmen und an einen weißen Sandstrand.

Im Unternehmensumfeld fällt Werbung etwas subtiler aus und ist weniger auf die breite Masse zugeschnitten, sondern richtet sich an unterschiedliche Anwendungsbereiche, Branchen oder Abteilungen.

Der Verkäufer muss den Ist-Zustand des Unternehmens analysieren und dem Gegenüber eine attraktive Vision des Soll-Zustands präsentieren. Die eigene Lösung dient dabei praktischerweise als Brücke – sie gleicht Defizite aus oder erschließt Potenziale.

Am besten zeigst Du dem Unternehmen diese Lücke auf, indem Du ungelöste Missstände identifizierst und konkretisierst. Viele Unternehmen sind sich bestehender Mängel nicht bewusst oder unterschätzen deren Auswirkungen. Manche Unternehmen bemerken ein Problem, sind aber noch nicht bereit, es zu beheben. Es ist nicht wichtig genug, um sofort alles stehen und liegen zu lassen. Die Schwerkraft der Komfortzone ist größer.

Bespiel: Warum erkannte Einsparpotenziale oft ungenutzt bleiben

Ich sehe den Nutzen nicht, wenn das erkannte Problem und der einhergehende Mangel zu trivial sind, um sofort gelöst zu werden. Ich habe im Keller eine Gefriertruhe, in der wir all das Gemüse einfrieren, das wir selbst im Garten angepflanzt und geerntet haben. Jedes Jahr kommen mehr Zucchinigläser hinzu, da kein Mensch so viele Zucchini essen möchte. Die Gefriertruhe ist schon etwas älter, tut aber, was sie soll. Seit der letzten Nachzahlung des Hausstroms rückt auf einmal dieses Gerät in den Fokus, denn die Truhe verbraucht rund um die Uhr Strom. Und davon nicht wenig. Ein größeres Gerät mit 420 Kilowattstunden kostet schon mal 170 Euro Strom im Jahr.

Wäre es also sinnvoll, eine neue Truhe zu kaufen, die uns 20 Prozent Energie einspart? Na klar! Ich habe ein Problem erkannt und kenne dessen Auswirkungen auf meinen Geldbeutel: Ich könnte sofort sparen und meine Stromkosten jährlich um 34 Euro senken. Dann wäre das neue Gerät nach nur zehn Jahren amortisiert.

Bitte was? Nach zehn Jahren? – Genau das ist mein gedankliches Problem. Ich möchte jetzt keine 340 Euro oder noch mehr investieren, da nehme ich den höheren Verbrauch in Kauf. Allein der Aufwand, alles umzulagern, schreckt mich ab. In drei weiteren Jahren gibt es dann wiederum verbesserte Gefrierschränke, die mir helfen, viel mehr einzusparen. Es wird also tendenziell immer besser. Sollte ich lieber noch fünf Jahre warten? Vielleicht pflanzen wir im nächsten Frühling keine Zucchini mehr an, sondern Erdbeeren, dann haben wir genügend Abnehmer in der Nachbarschaft und sparen uns die Gefriertruhe gleich ganz.

Es ist also noch ein zusätzlicher Impuls notwendig, ein Mehrwert, der über das Sparen hinausgeht. Hätte das neue Gerät eine Automatik, die mir das jährliche Abtauen und Reinigen erspart, könnte dies den Unterschied machen.

Bei Unternehmen schlummert oft enormes Einsparpotenzial. Aber wenn ich an jeder Ecke etwas umstellen muss und Investitionen notwendig sind, scheint der Aufwand den Nutzen schnell zu übersteigen. Jede Optimierung meiner Prozesse bedeutet ein Stückchen weniger Komfortzone. »Never change a running system.« Da haben wir es wieder.

Es reicht nicht, nur ein Bedürfnis zu haben. Erst in Kombination mit dem Willen der Mangelbeseitigung entsteht ein konkreter Bedarf. Diesen nennt man Nachfrage.

5.2 Kaufmotive

Verlustangst und Streben nach Wachstum

Keiner erleidet gerne einen Mangel. Doch leider oder zum Glück ist unser Leben voller Defizite – und genau diese treiben unsere Wirtschaft an. Der innere Antrieb für eine Handlung ist entweder Verlustangst (auch wenn diese sich noch nicht eingestellt hat) oder das Streben nach Wachstum.

Ein bekanntes Beispiel für die Wirkung von Verlustangst ist die Börse: Angebot und Nachfrage regeln den Preis. Als 2022 in Folge des russischen Angriffskriegs die Angst vor dem Aussetzen der Gaslieferungen aus Russland wuchs, schossen die Gebote für Energie durch die Decke – bevor es zu einem kompletten Gasstopp kam. Die alleinige Angst vor dem Mangel an Energie ließ die Preise nach oben schießen.

Auch im privaten Bereich prägt Verlustangst das Kaufverhalten: Aus Angst, dass die Rente später nicht die Lebensunterhaltskosten deckt, werden Lebensversicherungen und private Rentensparpläne verkauft. Nicht umsonst wirbt eine bekannte deutsche Versicherung mit dem Slogan »Ihr Fels in der Brandung«. Nicht einmal der Tod ist kostenlos, auch hier gibt es traumhafte Versicherungsangebote für die Übernahme der Beerdigungskosten des Verstorbenen.

Angst ist eine starke Motivation für Kaufhandlungen. Wir handeln aus Vorsorge und gehen deshalb zur Vorsorgeuntersuchung oder zum Zahnarzt. Die Furcht, ein Schnäppchen zu verpassen, lässt uns genauso unsere Brieftasche zücken. Schlussendlich bewahrt uns die Angst vor einem Mangel oder Nachteil vor unvorhersehbaren Verlusten. Sie ist tief in unserer Biologie verankert und hat das Überleben der Menschheit gesichert. Unternehmen nutzen diese Verlustangst aus, indem sie Angebote zeitlich oder durch knappen Bestand begrenzen.

Unser zweites zentrales Kaufmotiv ist das Streben nach Wachstum – oft als Gier bezeichnet. Das Ziel von Unternehmen ist es, einen Gewinn zu erwirtschaften, abgesehen von den gemeinnützigen Organisationen oder solchen, bei denen der »Zweck« im Vordergrund steht. Kein Unternehmen kann es sich leisten, auf Dauer nur Verlust zu machen. Gewinnspiele, Lotto und Casinos beruhen auf diesem Prinzip. Natürlich gibt es Menschen, die bewusst zocken, um Geld zu gewinnen, weil sie Schulden oder Nöte haben. Das Streben nach einem reichen Leben ohne Geldsorgen triumphiert für die meisten von uns.

Darüber hinaus ist es in unserer Natur, uns mit anderen zu vergleichen. Der »coolste Junge« in der Klasse oder besser der ganzen Schule? Mit zunehmendem Erfolg erweitert sich unser Horizont: Schule, Sportverein oder lokale Organisationen genügen bald nicht mehr. Die Unersättlichkeit nach Erfolg und Wachstum befeuert diejenigen, die schon wohlhabend und erfolgreich sind, um ihren Status weiter auszubauen.

Angst oder Gier? Was wirkt am besten im Verkaufsgespräch?
Ich benutze immer beide Kaufmotive in einem Gespräch. Zu Beginn kommt die Angst, indem ich Konsequenzen ungelöster Probleme aufzeige und hinterfrage. Dabei lasse ich den Kunden diese selbst artikulieren. Es reicht, den Denkprozess im Kopf anzustoßen, ohne auf die eindeutige Rückmeldung zu warten.

Negative Konsequenzen aufzeigen

»Lieber Kunde, was kostet es zusätzlich, wenn die Maschine ausfällt oder die geplante Wartung länger dauert? Ist dann die Produktion noch wirtschaftlich? Wie beschäftigen Sie Ihre Mitarbeiter in Falle des Produktionsausfalls?«

Es ist wichtig, dass der Kunde sich im Kopf meinen Argumenten anschließt. Oftmals gibt es keine konkrete Zahl möglicher Kosten, aber ein Nicken, ein zustimmendes Brummen oder eine anderweitige Bestätigung reicht mir schon, um zu wissen, dass mein Gesprächspartner mir folgt.

Wenn ich dann meine Lösung präsentiere, versuche ich, nicht nur die negativen Konsequenzen auszumerzen, sondern setze noch einen obendrauf: Die neue Produktionsmaschine ist nicht nur besser gegen Ausfälle gewappnet, sie ist auch schneller, also kann ich die Produktion erhöhen und einen Mehrwert erzielen.

Mehrwert aufzeigen

»Wenn Sie künftig Ihre Produktion um 15 Prozent erhöhen könnten, wie viel Mehrumsatz bedeutet das am Ende des Tages? Würden Sie den Mehrertrag als Boni auszahlen oder den für die Eroberung weiterer Marktanteile nutzen?«

Hier springe ich gedanklich direkt in die »Zeit danach«: Der Kunde soll schon mit dem Gedanken spielen, das Wasser soll ihm im Mund zusammenlaufen. Nicht nur wendet er eine mögliche Krise ab, sondern er nutzt sie auch zu seinem Vorteil.

Dieses Wechselbad der Gefühle bildet einen Spannungsbogen für meinen Sales Pitch. Je deutlicher der Kontrast, desto stärker die Wirkung – doch Vorsicht: Überspannst Du den Bogen, verliert Dein Pitch an Glaubwürdigkeit. Dann sucht Dein Kunde nach dem kritischen Punkt Deines Angebots. Wenn es so einfach wäre, muss es bestimmt einen Haken geben. Sonst würde es jeder machen. Solltest Du einen krassen Spannungsbogen haben, hilft es, den Haken gleich mitzuliefern.

Wenn es einen Haken gibt, liefere diesen gleich mit

»Ich weiß, es hört sich fantastisch an. Um ehrlich zu sein, gibt es jedoch einen kritischen Punkt bei dem Austausch Ihrer Produktionsmaschine. Das Aufbauen und Einrichten dauert drei volle Werktage. An diesen Tagen könnten Sie nicht produzieren. Entweder machen sie dies innerhalb Ihrer Werksferien oder wir müssen ein langes Wochenende nutzen.«

Natürlich biete ich zu jedem Haken gleich eine passende Lösung an.

Emotionen schlagen Rationalität und sachliche Argumente

Ob wir ein Auto, einen Mantel oder ein Haus kaufen – emotionale Impulse sind oft die treibende Kraft hinter unserer Entscheidung. Erst wenn uns ein Produkt gefällt, beginnen wir, den Kauf mit rationalen Argumenten zu rechtfertigen. Besonders bei hochwertigen oder prestigeträchtigen Gütern wie Autos, Immobilien oder Designerstücken steht der emotionale Wert meist im Vordergrund: Status, Ästhetik und persönliche Vorlieben wiegen oft mehr als rein funktionale Kriterien.

Auch Unternehmen sollten zwar wirtschaftlich denken, doch Entscheidungen werden letztlich von Menschen getroffen. Der Dienstwagen ist dafür ein gutes Beispiel: Ein Dacia erfüllt das Mobilitätsbedürfnis ebenso wie ein Mercedes – doch Status, Image und Fahrgefühl beeinflussen die Wahl stark.

Hinzu kommt: Das Kauferlebnis selbst spielt eine große Rolle. Wer etwa ein Auto kauft, wählt nicht nur das Modell, sondern auch, wo und von wem er es kauft. Der persönliche Eindruck vom Händler kann über den Zuschlag entscheiden. Das Kauferlebnis spielt für viele Kunden eine große Rolle. Es ist nicht nur die Bedürfnisbefriedigung, sondern auch Entertainment.

Wenn ich auf der Suche nach einem Haus bin, stehen für mich Lage, Ausstattung und emotionale Aspekte im Mittelpunkt statt nüchterner Zahlen. Wenn ich es nicht mag, kann es preislich günstiger sein und ich würde es trotzdem nicht kaufen.

Kurz gesagt: Kaufentscheidungen sind selten rein rational. Sie sind das Ergebnis eines Zusammenspiels aus emotionalem Impuls und nachträglicher Rechtfertigung durch den Verstand. Wir sollten daher die Emotionen und die Kaufmotive berücksichtigen und nicht außen vor lassen. Menschen streben immer nach Glück, Vergnügen oder Verbesserung und scheuen sich vor Schmerzen oder Verlustängsten.

5.3 Warum Bedarf erst oft unter Druck entsteht

Um einen Bedarf abzuleiten, müssen wir die Probleme kennen und deren Auswirkungen auf das Unternehmen verstehen. Unter Problemen musst Du Dir nicht ausschließlich Katastrophen vorstellen. Natürlich hilft es, Herausforderungen besonders präsent darzustellen, damit der Handlungsdruck steigt. Manchmal sind es ineffiziente Prozesse, unnötige Ausgaben oder eine noch unentdeckte Verschwendung von Zeit und Nerven. Hinzukommend ist Deutschland das Land der Zauderer: Deutsche Unternehmen scheuen oftmals das Risiko, neue Dinge auszuprobieren. Viele kleine und mittelständische Betriebe handeln erst, wenn es sich nicht mehr vermeiden lässt und viele Wettbewerber vorweggegangen sind.

Hinzu kommt: Nicht selten ist der Bedarf nicht unmittelbar erkennbar, weil auf das zugrunde liegende Problem noch niemand aufmerksam gemacht hat.

BEISPIEL:

Mein Freund Thomas gründete 2015 ein kleines Umzugshelfer-Unternehmen – eigentlich nur, um sich ein paar Taler nebenbei zu verdienen. Seine Idee: Bekannten und Nachbarn bei der Logistik des Umzugs in eine neue Wohnung oder ein WG-Zimmer zu helfen. Thomas lebte lange in einer Wohngemeinschaft und wusste, wie oft Mitmieter wechseln oder mit Freundin oder Freund zusammenziehen.

Da Privatpersonen meistens an einem Wochenende umziehen, war er in der Lage, sein Unternehmen als Nebenjob zu betreiben. Thomas machte seine bescheidene Buchhaltung selbst. Ein Kassenbuch reichte völlig. Anfänglich hatte er einen Umzug im Monat, später mehrere. Eigentlich lief alles super, Thomas' Mama half bei der Zettelwirtschaft und den Quittungen. Brauchte er hierfür eine komplexe Software? Nein. Es dauerte ein wenig, bis er ein ganz anderes Problem erkannte und sich für eine Buchhaltungssoftware für Freiberufler entschied. Denn er verlor in der Woche nach der Arbeit viel Zeit mit dem Zusammenstellen seiner Angebote, die er lieber beim Fußball oder mit seiner Freundin verbringen wollte. Mit einer Software konnte er ruckzuck Angebote erstellen und diese Kunden zuordnen. Hier führte also die Lösung für die Abwendung der längeren Arbeitszeiten nach Feierabend zu dem Kauf eines Tools, das eigentlich für einen ganz anderen Zweck gedacht war.

Problem: Thomas stellte fest, dass er nach Feierabend zu viel Zeit mit administrativen Aufgaben verbrachte und zu wenig Zeit für die Freundin blieb.
Mangel: Thomas wollte die Beziehung nicht gefährden und suchte eine Möglichkeit, Zeit einzusparen.

Bedarf: Er suchte eine Software, mit der er Angebote blitzschnell erstellen und von überall versenden konnte.
Lösung: Er wählte eine Buchhaltungssoftware mit integriertem Angebots- und Rechnungstool, das kundenbezogen individualisiert werden konnte.

Du solltest Dich also fragen, welches Problem Dein Angebot für Deinen Kunden lösen kann. Eine Buchhaltungssoftware beinhaltet schließlich mehr Potenzial als das Vermeiden fehlerhafter Abrechnungen.

Warum kaufen Deine Kunden?

Am besten fragst Du die Kunden, die Dein Produkt gekauft haben. Welches Problem wolltest Du ursprünglich lösen und welche anderen Benefits brachte der Einsatz Deines Angebots mit sich?

PROBLEME UND LÖSUNGEN IM BEISPIEL

Thomas wollte von überall Angebote ohne großen Zeitaufwand schreiben. Als er die Zahlungsfunktionen entdeckte, konnte er automatische Rechnungen kreieren und Kunden diese in einem Onlineportal bezahlen lassen. Er sparte Zeit und Auftraggeber zahlten schneller, da sie es direkt in dem Buchhaltungsportal machen konnten.

Problem von Thomas	Lösung seiner Buchhaltungssoftware
Fehler beim Bearbeiten der Belege	Belege scannen und automatisch zuordnen
Nach Feierabend Angebote am PC schreiben müssen	Online Angebote jederzeit vom Smartphone versenden (auch in der Mittagspause)
Liquiditätsengpässe wegen Warten auf Zahlungseingänge	Schnellere Bezahlung durch Online-Portal per Kreditkarte und PayPal

Tab. 5: Probleme und Lösungen im Beispiel

Am besten führst Du jetzt Deine eigene Gegenüberstellung durch. Du musst die Probleme Deiner Kunden nicht bis ins letzte Detail herunterbrechen, aber ich empfehle Dir, die drei bis fünf wichtigsten Probleme aufzuschreiben und Deiner Lösung gegenüberzustellen.

Wir benötigen diese Probleme noch an anderer Stelle in unseren Verkaufsgesprächen, deshalb ist es wichtig, dass Du sie festhältst.

Probleme Deiner Kunden	Lösung Deines Angebotes

Tab. 6: Gegenüberstellung: Probleme Deiner Kunden und Lösungen durch Dein Angebot

5.4 Lösung und Nutzen

Unser Produkt – die Summe aller Eigenschaften

Ein Produkt besteht aus vielen Features. Nehmen wir ein Auto als Beispiel. Die Gesamtzahl der Räder sind ein Merkmal, wenn auch kein besonderes. Die Menge an Türen, die Art der Energiequelle für den Motor – Diesel, Benzin oder Elektro – sind Eigenschaften. Sie beschreiben den Zustand des Produkts oder der Dienstleistung, jedoch nicht zwingend die Vorteile oder den Nutzen für den Käufer.

Anders steht es mit dem Feature »Allradantrieb« bei einem Pkw. Das Wort beschreibt den Zustand des Antriebs, nämlich mit allen Rädern. Bei einem herkömmlichen Pkw mit zwei Achsen wären das alle vier Einzelräder, was man in der Fachsprache »Vectoring« nennt. So können sich in Kurven die Innenräder langsamer als die Außenräder drehen. Was ist der Vorteil für den Fahrer? Das Fahrzeug bleibt in Kurven stabil auf der Straße, was besonders bei Regen, Schnee und Eis deutlich zur Fahrstabilität beiträgt. Ein weiterer Pluspunkt ist die bessere Bodenhaftung in bergigem Gelände. Wenn Straßen nicht geradeaus gehen und ich mit Löchern und Hügeln kämpfen muss, habe ich eine verbesserte Haftung, wenn ich nicht auf den Antrieb einer Achse angewiesen bin. Der Nutzen des Allradantriebs ist, dass ich auch bei schlechten Witterungsbedingungen schneller fahren kann.

Erhöhte Sicherheit ist also der Nutzen. Ich fühle mich sicherer, auch wenn es nicht schneit, stark regnet oder stürmt. Die Frage ist: Was nützt mir das, wenn das Auto nicht in den Bergen unterwegs ist oder nur bei schönem Wetter in Südspanien fährt? Lohnt sich da ein Allrad? Der Nutzen ist also immer relativ.

Features und Benefits richtig nutzen

Die Nennung spezifischer Features kann sehr nützlich sein, da ich bei Kunden, die sich auskennen und vom Fach sind, mit wenigen Worten mein Angebot umschreiben kann. Als Beispiel fällt mir immer das Produkt »Computer« ein: Wenn ich die gängige Prospektwerbung durchblättere, bleibe ich bei der technischen Beschreibung der angebotenen Laptops hängen: Intel Core i9 Prozessor, 32 GB RAM, 2 TB SSD, GeForce

RTX 3080 Ti Laptop GPU usw. Der Elektromarkt spricht damit vorwiegend Interessenten an, die bereits die Aufmerksamkeit- und Beratungsphase durchschritten haben und sich in der Abschlussphase befinden. Es geht hierbei um die anstehende Transaktion, nicht um eine Beratung.

Abb. 11: Der Kauftrichter

Für Verkäufer, die mit Kunden am Anfang des Kaufprozesses sprechen, ist diese Taktik ungeeignet. Meine Nachbarin, die sich einen Laptop zum Erledigen ihrer Korrespondenz kaufen wollte, war mit den Spezifikationen restlos überfordert. Sie erkannte nicht, welchen Nutzen 32 GB RAM für sie hatten. Eine Auflistung wie im Prospekt erschlug sie förmlich.

Kaufphase	Ausprägung	Informationsschwerpunkte
Aufmerksamkeit	Grundsätzliches Interesse aber noch kein konkreter Bedarf	Kommuniziere den Nutzen Deines Angebots
Beratung und Prüfung	Kunde hat für sich den Bedarf erkannt und vergleicht Optionen und Mehrwert	Gehe ins Detail und erkläre bestimmte Eigenschaften, gepaart mit den spezifischen Vorteilen und Nutzen
Abschluss und Transaktion	Kunde möchte kaufen und vergleicht Eigenschaften und Preis	Kommuniziere Alleinstellungsmerkmale und daraus resultierende Vorteile, grenze Dich vom Wettbewerb ab

Tab. 7: Kommunikation nach Kaufphase

Grundsätzlich lässt sich festhalten, dass der Nutzen im Vordergrund steht. Denn was bringen mir 32 GB RAM, wenn ich lediglich in einem Textverarbeitungsprogramm Briefe schreibe oder E-Mails versenden möchte? Zielkunden, die wir anrufen, um sie von unserem Angebot zu begeistern, sollten im Kern des Gesprächs immer den Nutzen im Fokus haben. Kunden, die bereits einen Bedarf für sich erkannt haben, können wir mit mehr Details belegen, um umfassender zu beraten. Auch hier verkaufen hauptsächlich die Vorteile und der Nutzen das Produkt anstatt einzelner Features.

Fazit: Produktpräsentation nach Kaufphase
Wir müssen die Präsentation den Bedürfnissen unseres Gegenübers anpassen. Je nach Kaufphase benötigt unser Kunde eine Argumentation mit Fokus auf dem Produktnutzen, der Herausstellung des Mehrwerts gegenüber möglicher Konkurrenzprodukte oder spezifischen Ausstattungsdetails, um das Informationsbedürfnis zu befriedigen.

5.5 Mehrwert zu welchem Preis?

Die Frage könnte auch lauten: Wie lang ist ein Stück Schnur? Kaufmotive sind emotionale Beweggründe, die ein Verlangen auslösen, also ein Impuls, dem wir entweder standhalten oder nachgeben. Ob wir diesem Impuls nachgeben, hängt von vielen Faktoren ab – unter anderem davon, welchen Wert wir einem Produkt oder Erlebnis beimessen.

Das Wort »teuer« hat im Deutschen meist einen negativen Beiklang. Etwa im Ausdruck »teures Vergnügen« kehrt das Wort den Sinn des Ausspruchs um. In der Umgangssprache ist ein »teures Vergnügen« kein wirkliches Vergnügen, sondern eine Notwenigkeit, die ungerechtfertigt viel kostet und wenig zurückgibt. Dabei zeigt sich: Preis und empfundener Wert stehen oft in einem subjektiven Verhältnis. Etwas kann als teuer empfunden werden – und dennoch seinen Preis wert sein. Manches ist unbezahlbar und dennoch kostenlos, wie die Liebe oder manchmal auch die gute Gesundheit. Der alte Werbeslogan von Mastercard trifft es genau.

Die Frage, die mit dem Wert im Raume steht, lautet: Womit vergleichst Du? Eine Villa an der Französischen Riviera kann Millionen kosten und dennoch ihren Preis wert sein, da das Preisniveau der Immobilien dort im Allgemeinen sehr hoch ist. Das heißt nicht, dass das gleiche Haus im Ruhrgebiet einen ähnlichen Kaufpreis erzielen würde. Preis und Werteempfinden sind also relativ. Der Wert einer Immobilie oder eines Aktienpakets wird erst dann zur Realität, wenn es auf dem Markt kommt und einen Käufer gefunden hat.

Fazit: Der wahrgenommene Mehrwert hängt nicht allein vom Preis ab – sondern davon, was und wie wir vergleichen, was wir uns erhoffen und wem wir gefallen wollen: uns selbst, dem Status oder der Vernunft.

Der Return on Investment

Die Wahrheit liegt also im Auge des Betrachters und der eigenen Wertvorstellung. Wie steht es nun im geschäftlichen Umfeld? Denn hier zählen weitestgehend Vernunft und Objektivität, Emotionen spielen nur bedingt eine Rolle.

Im Grunde kann man sagen, dass der sogenannte Return on Investment (ROI) ausschlaggebend für die meisten Unternehmen ist. Investitionen oder Lieferantenwechsel zu preiswerteren Verbrauchsgütern müssen sich positiv auf die eingesetzten Ressourcen auswirken. Hierbei müssen wir genau hinsehen, denn nicht nur der Preis und das Geld spielen eine Rolle. Der persönliche Aufwand, die Zeit, ist ebenso wichtig. Kunden im Cold Call überlegen sich genau, ob sie das »kostenlose« Beratungsgespräch im Anschluss wahrnehmen möchten. Da kann eine Idee völlig gratis und risikofrei sein – wenn Dein Gegenüber keine Lust hat, Zeit für ein Gespräch zu opfern, ist der positive Nutzen nicht hoch genug.

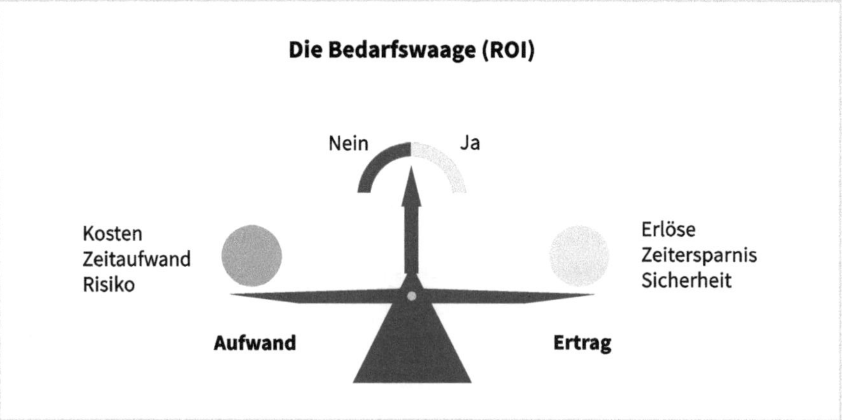

Abb. 12: Bedarfswaage: Verhältnis Kosten zu Nutzen (ROI)

Neben dem zu erwartenden Kostenaufwand gesellen sich der Zeitaufwand und das zu erwartende Risiko hinzu, ob das, was versprochen wird, tatsächlich zutrifft. Ist der Aufwand größer als der Ertrag, kippt die Waage ins Negative. Bekomme ich mehr raus, als ich reinstecken muss, dann fällt eine Entscheidung positiver aus.

Ein wichtiger Aspekt ist, dass die Komponenten Kosten, Zeit und Wagnis zu Beginn lediglich subjektiv sind und damit im Auge des Betrachters liegen. Aufwand und Erlöse lassen sich anfangs nicht im Detail ermitteln. Der Zeitaufwand ist nebulös und das Risiko ist eine Wahrnehmung, die von der gegenseitigen Verbindung und Erfahrung abhängt. In Gesprächen, in denen die Beziehung nicht ausgeprägt ist, wie zum Auftakt eines Discovery Calls, schlägt die Waage also zum Nachteil des Verkäufers aus. Da der Kunde den Nutzen nicht richtig einschätzen kann, bleibt er in seiner Komfortzone. Solange kein echter Schmerz vorliegt, gibt es weniger Gründe, sich einen Verkaufsprozess an die Backe zu nageln.

Wir können also sagen: Je schlechter die Ausgangslage des Kontakts, desto mehr Ertrag und Nutzen muss ich aufzeigen, um das Pendel positiv ausschlagen zu lassen. Je besser die Verbindung im Laufe einer Geschäftsbeziehung, umso einfacher ist es, mit neuen Ideen Fuß zu fassen.

Die Bedarfswaage (ROI) in einem Cold Call

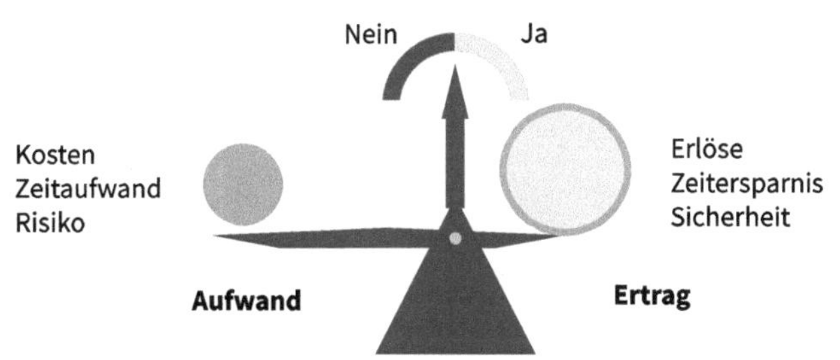

Abb. 13: Bedarfswaage: Verhältnis Kosten zu Nutzen (ROI) in der Kaltakquise

Neben der guten Beziehung und Vertrauen spielen die Faktoren Zeit, Gesprächsbereitschaft und die Relevanz der Lösung einer bekannten Herausforderung eine große Rolle. Je nach Art und Weise des entsprechenden Gesprächs verschiebt sich das Pendel in Richtung Lösungsanbieter.

Storytime: FOMO schlägt YOLO jedes Mal

Die Angst etwas zu verpassen, im Englischen »FOMO« (Fear Of Missing Out), ist ein größerer Motivator als das Streben nach Glückseligkeit (»YOLO«, You Only Live Once).

Wir waren als Team umsatztechnisch gut unterwegs. Als Ansporn hatten wir zudem eine Wette mit unserem Chef am Laufen: Sollten wir unser Wochenziel übertreffen, würde er uns eine Palette Energydrinks ausgeben. Nun hatte Martin Nokia am Haken, die ihm mündlich einen Sponsorship-Deal von 18.500 Euro zugesagt hatten. Ich schaute auf unsere Umsätze der laufenden Woche. Es war Freitag und wir brauchten diesen Deal, um die Woche über dem Ziel zu liegen.

Ich räusperte mich und wandte mich an Martin. »Kommt der Deal heute noch rein, damit er noch zählt?«
»Ich versuche es. Mikael ist gerade auf seiner Datscha und verbringt da den ganzen Sommer. Diese Finnen! Die haben es besser als wir. Dort hat er aber kein mobiles Faxgerät, den Vertrag hat er per E-Mail bekommen. Aber er muss ihn drucken, unterschreiben und dann faxen. Ich hoffe, der kann noch ein Fax auftreiben.«
»Wie stellen wir es an? Hast Du eine Idee, Martin?«
Wie es sich herausstellte, hatte Martin eine Idee, die simpel, aber effektiv war: Er erzählte dem Finnen die Wahrheit. Von dem Incentive, den Energydrinks und dass wir unseren Chef angehauen hatten, die teuren Dosen zu bezahlen, für den Fall, dass wir das Ziel übertreffen würden. Ganz nach dem Motto »You only Live Once«! Mikael machte sich bereitwillig auf den Weg in sein Büro und faxte uns die Bookingform bis Tagesende zu – trotz dem Zeitaufwand von eineinhalb Stunden.

Manchmal hilft die Wahrheit eben mehr als die besten Geschichten.

...

Am Wochenende besuchte ich meine Mutter und erzählte ihr von den Ereignissen der Woche. Dabei bemerkte ich, wie tief ich in der Sales-Welt steckte – und wie weit entfernt sie davon stand.
»Wieso zahlen Firmen so viel Geld, um auf einen Kongress zu gehen, wo sie vielleicht zehn neue potenzielle Kunden treffen?«
»Was meinst Du mit viel?«
»Na, die 18.500 Euro für zwei Tage Veranstaltung?«
»Das sind bei zehn potenziellen Neukunden aber nur 1.850 Euro pro Person. Und wenn sie nur einen oder zwei Interessenten finden, die zu Kunden werden, lohnt sich das schon.«
»Bei zwei Handys?«
»Nein, hier geht es um Netzwerktechnik. Die Auftragssummen gehen in die Millionen. Die Kunden sind die Telekom, Vodafone und die anderen Mobilfunkanbieter.«
»Aber sie könnten doch einfach diese Firmen selbst besuchen. Kostet weniger als eure Veranstaltung im Adlon.«
»Das stimmt – zumindest rechnerisch, Aber würdest Du die Hand dafür ins Feuer legen, dass es besser ist, nicht dabei zu sein, um zu sparen? Während Du wüsstest, dass die anderen Netzwerkausrüster wie Siemens mit Deinen Bestandskunden reden und sich vielleicht für ein Gespräch verabreden? Sie würden sicherlich die Situation ausnutzen und ihre technischen Vorteile demonstrieren wollen.«
»Ach?«
»Und was kostet es sie, einen Kunden zu verlieren? Mehr als 18.500 Euro, nehme ich an.«
»Junge, drohst Du etwa Deinen Kunden?« Sie sah mich mit leichtem Stirnrunzeln an.
»Nein, Mama, ich zeichne ihnen nur die Möglichkeiten auf. Das ist ja keine Einbahnstraße. Niemand muss teilnehmen – aber die Angst, etwas zu verpassen oder gar Kunden an den

Wettbewerb zu verlieren, ist ein starker Faktor. Gleichzeitig ist es auch eine Gelegenheit, selbst mit den Kunden der Mitbewerber ins Gespräch zu kommen.«
»Du bist gemein! Das ist fast wie Erpressung.«
»Was? Ich, ein Erpresser? Niemals! Es ist ein freier Markt«.
»Schon klar. Und du verwandelst Wasser zu Wein – oder sagen wir: aus wenig machst du viel. Wenigstens darin bist du gut. Wenn das schon mit den Enkelkindern nicht klappt, die ich mir wünsche!«
»Boah, Mama! Wer erpresst jetzt wen?«

Persönliche Anmerkung

Ob Familie oder Freunde wirklich verstehen, was es heißt, im Vertrieb oder selbstständig zu arbeiten, ist individuell verschieden. Meine Mutter konnte mit Provisionsmodellen oder Preislisten nie viel anfangen – sie dachte in festen Gehältern. Und viele Freunde unterschätzen das Risiko und die Kosten, die hinter der vermeintlichen Freiheit stecken.

Ich habe deshalb aufgehört, bei geschäftlichen Dingen im privaten Umfeld ins Detail zu gehen. Sicherlich findest Du dabei den für Dich besten Weg!

6 Mit Fragen die Führung übernehmen

Abb. 14: Kapitelnavigation Kapitel 6

6.1 Den Status quo identifizieren

In unseren Seminaren bitten mich viele Unternehmen, ihre Leitfäden und Anleitungen durchzusehen, damit ich diese bewerten kann. Es hilft mir, die Situation der Verkäufer einzuordnen: Welche Ziele verfolgt das Unternehmen, wie viele Stufen durchlaufen Kunden innerhalb des Verkaufsprozesses?

Aber alles beginnt am Anfang. Bevor Produkte oder Lösungen präsentiert werden können, müssen wir die Ist-Situation des Kunden verstehen. Hierzu gehören auch Wirtschaftskennzahlen wie Umsatz, Gewinn oder Anzahl der Mitarbeiter. Jedoch ist es viel wichtiger, zu verstehen, welche potenziellen Probleme vorhanden sein könnten.

Fehler sind unvermeidbar – wenn man die falschen Fragen stellt
Viele Unternehmen verwechseln Bedarfsanalyse mit Kundeneinordnung. Statt tatsächlichen Bedarf zu ermitteln, werden Standardmerkmale abgefragt:

- Größe des Unternehmens nach Mitarbeitern und Standorten;
- bei Handelsunternehmen die Anzahl der Filialen, Verkaufsfläche und Gesamtzahl der Produkte;
- Wirtschaftskennzahlen wie Umsatz, Bilanzgewinn oder Shareholder Value bei Aktien;
- Unternehmensstruktur und Entscheidungsfindung

Jedoch eignen sich keine dieser Daten für eine Analyse des Bedarfs. Nur weil eine Firma eine gewisse Größe hat, kann es trotzdem zu einem Mangel an gut ausgebildeten Fachkräften kommen. Genauso können Preissteigerungen einen Rückgang von Neukunden kaschieren, da der Mehrumsatz die Einbuße der Nachfrage anfangs kompensiert.

Diese Daten sind keineswegs überflüssig, aber sie gehören in die Vorabrecherche. In Jahresberichten und öffentlichen Datenblättern findest Du viele Informationen, die nicht im Gespräch erfragt werden müssen. Wenn Du Dich richtig vorbereitest, bleibst

Du auf Augenhöhe und außerdem verschwendest Du Deine kostbare Redezeit nicht mit allgemeinen Fragen. Bedarfsanalyse darf also nicht zur bloßen Kundeneinordnung verkommen. Statt nur zu überlegen, was wir verkaufen können, sollten wir uns auf die ehrliche Bedarfsfindung des Interessenten fokussieren.

Wer kluge Fragen stellt, kontrolliert das Gespräch– oder fährt direkt gegen die Wand
Wir gehen später noch ans Eingemachte, aber so viel vorweg: »Wer fragt, der führt« stimmt nur bedingt. Ein Cold Call folgt anderen Regeln als ein Discovery Call, denn Dein Vorgehen musst Du bei einer Kundenanfrage gänzlich ändern. Ein unerwünschter Cold Call ist oft von Skepsis oder Ablehnung geprägt. Stell Dir vor, Du würdest in einem ersten Zusammentreffen eine gut ausgewogene Bedarfsanalyse durchführen wollen.

Beispiel:

»Lieber Kunde, wie lange warten Sie auf die Auszahlung bei Umsätzen aus Onlinebestellungen? Wie wichtig wären Ihnen schnelle Retouren und kürzere Bearbeitungszeiten? Was hält Sie nachts wach?«

Nur wenige Gesprächspartner würden auf diese Fragen wahrheitsgemäß antworten. Ich bin ehrlich: Manchmal lege ich bei solchen Gesprächen als Kunde einfach auf. Und ich bin mir sicher, Du auch. Ich sehe mich dann sogar als Opfer des Telefonterrors. Denn diese Fragen entlarven sich sofort als Verkaufsversuch. Man fühlt sich nicht gesehen, sondern vermessen.

Viele Fragestellungen, besonders die zur Ist-Situation des Kunden, sind kontraproduktiv. Denn sie bewirken genau das Gegenteil von dem, was wir erreichen wollen. Wir wollen relevant erscheinen? Als Experte wahrgenommen werden? Eine wertvolle Ressource für unseren Zielkunden sein?

Durch zu viele Fragen schießen wir uns selbst ins Abseits. Denn entweder haben wir keine Ahnung von seinem Business – sonst würden wir nicht fragen – oder kennen uns in der Branche nicht aus. *Ein Branchenkenner fragt nicht, er setzt voraus!* Er erzählt, wie er anderen Unternehmen aus derselben Branche oder mit ähnlichen Parametern dabei geholfen hat, schwierige Situationen zu meistern und einen massiven Mehrwert für seine Kunden zu kreieren.

Die Beziehung bestimmt die Wahrnehmung und entscheidet, welche Fragen ich zu welchem Zeitpunkt stellen darf. Im weiteren Verlauf gehen wir auf die Techniken und Regeln ein, die Dich dabei unterstützen, Du Deine Anrufe schon bald besser zu strukturieren und als echter Sales Insider zu punkten.

Fragen oder voraussetzen?

Sollst Du jetzt Probleme durch eine gute Bedarfsanalyse erfragen und vertiefen oder diese einfach beim Kunden voraussetzen? Die Antwort lautet: *Kommt darauf an.* Du musst unterscheiden zwischen Personen, zu denen noch keinerlei Verbindung besteht, und Personengruppen, zu denen Du eine Beziehung hast. Es kommt darauf an, ob zum Beispiel langjährige Kunden sich beim Customer Support melden, weil sie ein Problem gelöst haben wollen, oder ob Du mit Geschäftsführern im Außendienst sprichst, die Du zweimal im Jahr besuchst und zu denen Du nur einen lockeren Kontakt pflegst.

Die Beziehung steht im direkten Zusammenhang mit der Detailtiefe der Bedarfsanalyse. Es ist klar, dass ich einen Fremden nicht gerne ausführlich meine Sorgen und Probleme auf dem Silbertablett serviere. Als Verkäufer müssen wir uns vorsichtig vortasten, ohne den Interessenten zu verschrecken. Auch sollten wir ihn nicht mit einem Verhör wie bei der Kriminalpolizei attackieren. Die richtige Fragetechnik hilft uns dabei, einen echten Dialog zu führen.

Wenn wir den Kunden gut kennen und bereits einiges über das Unternehmen wissen, lohnt es sich, Probleme im Detail zu erfragen. Am besten beginnst Du mit ein paar Eckdaten und arbeitest Dich langsam zum Kern der Herausforderung vor. Mit einem Beispiel eines Personaldienstleisters möchte ich diesen Prozess verdeutlichen.

Beispiel: Bestandskunde

»Herr Müller, ich habe gesehen, dass Sie Supportmitarbeiter für Ihre Kundenhotline suchen. Wie hoch ist aktuell die Wartezeit für Kunden in Ihrer Hotline?«
»Spielen Stress oder die grassierende Grippewelle in Ihrem Support eine Rolle?«
»Sorgen Sie sich manchmal darum, dass Kunden zu lange in der Warteschlange warten müssen, bis sie bedient werden?«
»Welche Auswirkungen haben Ausfälle von Kollegen auf die Kundenzufriedenheit?«
»Fürchten Sie manchmal, dass schlechte Bewertungen aufgrund langer Wartezeiten Ihre Reputation und somit zukünftige Umsätze gefährden?«

Wie Du erkennst, führen diese Fragen Deinen Gesprächspartner im Dialog Schritt für Schritt von der aktuellen Ist-Situation (hohe Wartezeiten in der Kundenhotline) zu den möglichen Auswirkungen. Natürlich besteht immer die Möglichkeit, dass der Kunde die Situation für sich anders bewertet und keinen negativen Effekt für zukünftige Umsätze erwartet. Dann bleibt die Option, das Problem in eine andere Richtung zu erkunden.

Diese Technik der aufeinander aufbauenden Fragen funktioniert jedoch nur, wenn Kunden eine gute Beziehung zu dem Verkäufer haben und ihm vertrauen. Sie ist weder in der Kaltakquise noch dem Discovery Call geeignet. Auch ist es schwierig, wenn ein Bestandskunde anruft, um in drei Minuten seine Bestellung loszuwerden. Wenn Du Kunden zum ersten Mal ansprichst, diese vielleicht wenig Zeit haben oder Du Dein Gegenüber nicht brüskieren willst, helfen Dir intime Fragen nicht weiter. In diesem Fall ist es wesentlich günstiger, ein Problem vorauszusetzen und dieses im Anschluss bestätigen zu lassen.

Am besten funktioniert dieser Ansatz, wenn Du von einem anderen Kunden und somit Wettbewerbern erzählst oder eine typische Komplikation der Branche schilderst. Wichtig hierbei ist, dass Du tatsächlich Expertise in diesem Fachbereich besitzt. Ein wichtiger Nebeneffekt ist, dass Du durch die Nennung einer Referenz Deine Reputation betonen kannst: »Sieh her: Dein Wettbewerber vertraut uns! Du solltest es ebenso tun!«

Wenn Du also einem Wettbewerber bei einer allgemein bekannten Problematik geholfen hast, kannst Du diesen Erfolg als Basis nutzen, um die Bedarfsanalyse abzukürzen. Es reicht dann die Frage, ob unser Gegenüber die Probleme ebenso erlebt und er bereits gelöst hat.

> **Beispiel: Kaltakquise**
>
> »Wir haben mit einigen Größen der Branche gearbeitet – die Firma XXX hatte wie viele die Herausforderung, Fachkräfte zu halten und einen Pool an Kandidaten aufzubauen. Herr Müller, wie gehen Sie bei sich mit diesem Thema um?«

Wichtig ist, dass Du nicht gleich die Lösung ausplärrst und den Kunden die Richtung vorgibst – was ihm ermöglicht, Nein zu sagen. Ich erlebe es oft bei Kundenbesuchen, dass Verkäufer ihre eigenen Fragen beantworten und dann dem Gegenüber alle Vorzüge ihres Produkts aufdrücken, ob es nun will oder nicht.

Bevor Du Lösungen präsentierst, solltest Du zuerst das Problem erkunden und den Bedarf herausarbeiten. Hier liest Du in tabellarischer Form, wann es sich lohnt, Probleme im Detail zu erfragen, und wann es besser ist, die Fragen abzukürzen.

Art des Gesprächs	Bestehendes Vertrauen	Bevorzugte Taktik
Cold Call	Nicht vorhanden	Referenz zu Problemen vergleichbarer Kunden geben und bewerten lassen
Discovery Call	Wenig ausgeprägt	Herausforderungen der Branche skizzieren und bewerten lassen
Beratungsgespräch, Sales Meeting, Produktvorführung	Tendenziell steigend	Durch Fragen Konsequenzen der Probleme herleiten
Weiterführende Gespräche, Follow-up, Bestandskunden	Vorhanden	Wenn nicht bereits bekannt können Probleme erfragt werden
Inbound-Anfragen	Offen für Details und Beratung	Probleme, die nicht von selbst geschildert werden, können erfragt werden
Bestellannahme	Wenig ausgeprägt	Probleme voraussetzen

Tab. 8: Taktik für die Problembestimmung nach Gesprächsart

Fragen zum Aufbau von guten Beziehungen

Wann fühlt sich unserer Gegenüber wohl? Richtig, wenn der andere ehrliches Interesse zeigt, unabhängig von Alter oder Geschlecht. Ein Ausdruck von Interesse ist es, weiterführend Fragen zu stellen und aktiv zuzuhören. Empathie entwickelt sich, wenn ich mit den Augen des anderen sehe, mit den Ohren des anderen höre und mit dem Herz des anderen fühle.

Das lässt sich anschaulich mit einem Date zeigen: Bei einem Date ist es besser, wenn Du die interessanten Fragen stellst und Dich nicht so sehr auf die Stellen konzentrierst, an denen Du von Dir reden kannst. Manchmal erschlagen wir unser Date mit unserer expressiven Persönlichkeit. In einem Date gehst Du auch nicht mit dem Ziel ins Gespräch, einen Fahrplan für die baldige Hochzeit, die zwei Kinder, die Du Dir wünschst, ein Haus mit Pool und einem Deutschen Schäferhund zu bekommen. Vielmehr willst Du gemocht werden und die Chance auf ein zweites Date bekommen.

So verhält es sich auch in unserer Rolle als Verkäufer. Wir stellen Fragen, um Interesse zu signalisieren. Das nützt uns insbesondere bei dem Aufbau einer Beziehung und für die Schaffung einer positiven Gesprächsatmosphäre. Aber es gibt auch noch ganz andere Gründe: Wir wollen herausfinden, wie wir unserem Gegenüber unser Produkt schmackhaft machen können. In der Bedarfsanalyse stellen wir bewusst Fragen zu der aktuellen Situation des Kunden. Wir möchten Probleme ausloten und einen möglichen Bedarf erkennen, bevor wir die Stafette an Produkthighlights abbrennen.

Redeanteil im Verkaufsgespräch

Für einen erfolgreichen Dialog ist ein etwa gleich hoher Redeanteil von Kunde und Verkäufer entscheidend – idealerweise teilen sie sich die Gesprächszeit 50 zu 50.

Die meisten Vertriebler, denen ich zuhöre, haben jedoch einen Gesprächsanteil von 70 Prozent bis 80 Prozent. Sie merken oftmals nicht, dass sich das Gegenüber nicht mehr am Telefonat beteiligt und mit den Gedanken abschweift.

Möchtest Du ein gutes Gespräch führen, musst Du den Kunden in einen Dialog involvieren. Ein Dialog ist beidseitig – und das erreichst Du nicht, indem Du nur Dein Produkt vorstellst und wie ein Roboter einen Gesprächsleitfaden auf Schienen herunterliest. Der Schlüssel zum Dialog sind kluge Fragen. Nur so schaffst Du es, den Kunden Raum zu geben und gleichzeitig Informationen zu erhalten. Mit Fragen kannst Du Gedanken kontrollieren, indem Du die Dinge hinterfragst, die bestimmte Emotionen hervorrufen (siehe auch Kap. 5).

Es gibt einfache Fragen und es gibt durchdachte Fragen. Wenn es Dir gestattet ist, mehr Fragen zu stellen, um einen Kunden zu beraten, dann hinterfrage Dinge, die Deinen Gesprächspartner zum Denken bringen. Oftmals sind es genau diese, die uns als Experten ausweisen und Verkäufer zu Beratern machen.

6.2 Wer fragt, der führt

6.2.1 Die offene Frage als Türöffner

Es gibt so viele Arten und noch mehr Gelegenheiten, um gute Fragen zu stellen. Für eine Frage gilt wie für jede Art der Kommunikation: Der Kontext bestimmt den Sinn. Eine Frage kann motivierend oder abfällig klingen, obwohl sich die gewählten Wörter fast gar nicht ändern. »Hey Alter, wie geht's?«, kann entweder freundschaftlich gemeint sein, mit *»Alter«* als Kosewort, oder aber auch abschätzig. Der Ton macht eben die Musik.

Recherchieren wir nun im Internet, sehen wir, dass es eine Vielzahl von Fragetechniken gibt, um unser Gegenüber zum Nachdenken einzuladen. Ich möchte mich hier auf die wichtigsten fokussieren, die im Verkaufsgespräch tatsächlich hilfreich sind.

Wenn ich in meinen Seminaren in die Runde frage, welche Fragearten meinen Teilnehmern aus der Schulzeit einfallen, bekomme ich als Allererstes die W-Fragen zu hören. Sie fangen mit einem »W« an – wie, was, wann, weshalb, warum – und sind sogenannte offene Fragen. Diese zeichnen sich dadurch aus, dass sie nicht mit einem einfachen Ja oder Nein beantwortet werden können. Der Gefragte muss also immer mit einer Beschreibung reagieren.

Wann ich offene Fragen stelle? Zu Beginn eines Gespräches, um sofort einen Dialog zu starten! Viele Verkäuferkollegen fragen erst einmal: »Passt es Ihnen im Moment gerade?« und bekommen als Antwort ein schnelles »Nein« zu hören. Der Kunde wird sich schon äußern, wenn es momentan ungünstig ist. Genauso beliebt ist »Haben Sie schon von unserer Firma gehört?«, worauf »Nein« oder manchmal auch »Ja, aber nichts Gutes« folgt. Geschlossene Fragen sind gerade zu Beginn ein Gesprächskiller.

Ich nutze offene Fragen, um mehrere Dinge auf einmal zu bewirken:

- Ich starte in einen Dialog, um ein schnelles »Nein« des Kunden zu vermeiden.
- Ich stelle eine intelligente Frage, um meinem Gegenüber zu zeigen, dass ich auf Augenhöhe bin.
- Ich versuche, schnell die Beziehung zu stärken, indem ich den Grundstein für Informationen lege, auf die ich im Dialog reagieren kann. Stichwort: aktives Zuhören.
- Ich schneide mit meiner Frage ein bestimmtes Thema an, um mögliche Probleme oder einen potenziellen Bedarf herauszuhören. Die Frage ist bewusst offen gewählt und lässt den Kunden viele Freiheiten bei der Beantwortung. So kann ich schnell die Wichtigkeit und die Erfahrungen des Kunden erkennen.

Wie ernst ich eine Frage stelle, hängt naturgemäß immer von der Art des Gesprächs und meinem Gegenüber ab. Ich habe die Wahl zwischen den folgenden drei Optionen.

1. **Locker und leicht:** Ideal zu Beginn, um das Eis zu brechen, eine entspannte Atmosphäre zu schaffen und den Fokus auf ein gemeinsames Erlebnis zu lenken: »Welchen Vortrag bei der Konferenz fanden Sie am spannendsten?«
2. **Motivierend und fachlich:** Hier geht es darum, das Gespräch auf den Punkt zu bringen und den Fokus auf relevante Themen zu lenken. »Sie als Personalexperte mit langjähriger Erfahrung können mir sicherlich weiterhelfen. Welche Auswirkung hat der Mangel an Fachpersonal auf Ihre Kosten im Recruiting?«
3. **Emotional und eindringlich:** Diese »Killerfrage« verleiht der offenen Frage Nachdruck und spricht direkt emotionale Kaufmotive an. »Wie gehen Sie mit dem Mangel an Fachpersonal um, damit Sie nicht Gefahr laufen, ihr ganzes Know-how zu verlieren und am Ende vom Wettbewerb übertrumpft zu werden?«

Offene Fragen kannst Du zu vielen Anlässen einsetzen und sie lassen sich wunderbar mit anderen stilistischen Mitteln kombinieren, um ihre Wirkung nicht zu verfehlen. Daher stelle ich die Killerfrage, wenn mein Kunde sich mir gegenüber ablehnend verhält. Eine Motivationsfrage zu Beginn hingegen verbessert die Beziehung und eröffnet bessere Chancen auf eine gute und inhaltsvolle Auskunft.

Selbstredend kannst Du offene Fragen nicht nur zu Beginn eines Dialogs einsetzen, sondern auch, wenn Dir ein Gespräch entgleitet oder Dein Gegenüber einem Angebot kritisch gegenübersteht. Auch wenn Du schnell keine Antwort weißt, kannst Du ich eine offene Frage nutzen, um Luft zu holen: »Sie favorisieren zurzeit den Wettbewerber, wo genau sehen Sie die Unterschiede?« Genauso kann es bei Einwänden zu einer peinlichen Situation kommen. »Das Angebot ist mir zu teuer!« führt oftmals zu einer Tirade von besonderen Eigenschaften und Alleinstellungsmerkmalen des Angebots und dessen Nutzen für den Kunden. Eine bessere Taktik ist: »Sie sagen, das Vertriebstraining ist Ihnen zu teuer – womit vergleichen Sie es?«. Jetzt liegt es an dem Gesprächspartner, sich zu erklären und die Fakten auf den Tisch zu bringen. Denn »teuer« hat für jeden eine andere Bedeutung. Danach kann ich viel besser meine Argumente anbringen.

Der Übersicht wegen fasse ich die einzelnen Typen der offenen Fragen in einer Tabelle zusammen.

Offene Frage	Funktioniert am besten...	Beispiel
Initialfrage	Zu Beginn eines Gesprächs, um ein möglichst breites Informationsspektrum zu bedienen.	»Wie gehen Sie mit dem Mangel an Fachpersonal um?«
Motivationsfrage	Zu Beginn eines Gesprächs, um mithilfe eines Kompliments eine fachlich kompetente Auskunft zu bekommen; Aufbau einer guten Atmosphäre für das Gespräch	»Sie als Personalexperte mit langjähriger Erfahrung, welche Auswirkung hat der Mangel an Fachpersonal auf die Kosten des Recruitings?«
Präzisierungsfrage	Um Informationen weiter zu verdichten und zu konkretisieren. Eignet sich in der Bedarfsanalyse und zur Behandlung von Einwänden	»Sie favorisieren zurzeit unseren Wettbewerber, wo genau sehen Sie die Unterschiede?«
Hypothetische Frage	Um Emotionen des Kunden zu wecken und Reaktionen auf ungewohnte Situationen zu bekommen	»Stellen Sie sich vor, Sie hätten eine Stelle ausgeschrieben und niemand würde sich bewerben. Wie fühlen Sie sich?«
Gegenfrage	In der Behandlung von Einwänden, um diese zu konkretisieren und um Zeit zu gewinnen	»Sie sagen, die Fortbildung Ihrer Verkäufer wäre zu teuer, womit vergleichen Sie es?«
Killerfrage	Falls wir nur eine einzige Frage stellen dürfen. Zu Beginn oder zum Abschluss.	»Wie gehen Sie mit dem Mangel an Fachpersonal um, damit Sie nicht Gefahr laufen, Ihr ganzes Know-how zu verlieren und am Ende vom Wettbewerb übertrumpft zu werden?«

Tab. 9: Offene Fragen im Verkaufsgespräch

6.2.2 Die geschlossene Frage zur Bestätigung und Kontrolle

Natürlich besteht ein Verkaufsgespräch nicht nur aus offenen Fragen. Während der Produktvorstellung machen sich kleine Fragen zwischendurch auch ganz gut, denn Du willst sichergehen, dass der Kunde Dir noch folgt. Geschlossene Fragen sind per

Definition die Fragen, die unser Gegenüber mit »Ja« oder »Nein« beantworten kann. Diese dienen der Kontrolle und Rückfrage.

Ich stelle geschlossene Fragen, um:

- eine konkrete Information bestätigt zu bekommen oder zu verifizieren, um die Ausrichtung meines Gesprächs zu bestimmen: »Um qualifiziertes Fachpersonal zu gewinnen, setzen Sie verstärkt auf Auszubildende, die Sie im Anschluss übernehmen?«
- um zu paraphrasieren, Inhalte zusammenfassend wiederzugeben und zu spiegeln. Dabei lasse ich unwichtige oder nicht lösbare Probleme weg, um das Gesagte auf das Wesentliche einzugrenzen.
- in den Anfangsphasen des Gesprächs Interesse für das Erzählte meines Gesprächspartners zu bekunden. Ich signalisiere, dass ich zuhöre und mit ihm fühle (Empathie): »War das nicht eine schmerzhafte Erfahrung?«
- um meine Annahme mit einer Kontrollfrage zu bestätigen und das Gesagte mit konkreten Fakten zu verifizieren: »Sie übernehmen also 90 Prozent Ihrer Auszubildenden in ein Beschäftigungsverhältnis?«

Viele Verkäufer stellen eine Vielzahl an geschlossenen Fragen und versäumen so die Möglichkeit, mehr Informationen als eine reine Bestätigung zu bekommen. Ein Verkaufsgespräch wäre dann nur die Validierung einer aufgestellten Theorie. Deshalb ist der Mix entscheidend.

Die Grenze zwischen Verifizierung und Kontrolle ist eng. Beide Fragen qualifizieren die Aussage des Kunden und schaffen Struktur, um eine Situation oder Bedarf besser einzugrenzen.

Geschlossene Frage	Funktioniert am besten…	Beispiel
Verifizieren	Paraphrasieren einer Antwort, um die Sachverhalte herauszustellen	»Sie setzen also verstärkt auf eigene Auszubildende anstelle auf ein effektives Headhunting?«
Bestätigung geben	Empathie und Bestätigung signalisieren, dass ich zuhöre und mitfühle; stärkt persönliche Bindung	»Oh, war das nicht eine schmerzhafte Erfahrung?«
Kontrolle	Zurückspiegeln von Zahlen und Fakten an den Kunden	»Sie übernehmen also 90 Prozent Ihrer Auszubildenden in ein Beschäftigungsverhältnis?«

Tab. 10: Geschlossene Fragen im Verkaufsgespräch

6.2.3 Die Alternativfrage als Entscheidungshilfe

Im Verkaufsgespräch nutze ich sehr gerne die Alternativfrage, bei der das Gegenüber aus vergebenen Antworten wählen kann: »Mögen Sie Ihr Frühstücksei lieber hart gekocht oder weich?« Ich achte dabei darauf, nicht mehr als zwei bis drei Antwortmöglichkeiten zu lassen. Denn wenn ich zu viel Auswahl gebe, steigt der Druck, abzuwägen, und der Kunde muss länger nachdenken. Du kennst das als Kind von der Eisdiele: Je mehr Geschmackssorten zur Auswahl standen, desto schwieriger war die Entscheidung für die einzelne Kugel Eis.

Ich setze die Alternativfrage ein, um:
- eine schnelle Einschätzung vom Kunden zu bekommen, ohne dass er lange überlegen muss.
- die Auswahlmöglichkeiten zu limitieren und Dinge auszuklammern, die ich nicht im Angebot habe. Zum Beispiel habe ich bei der Frage nach dem Frühstücksei bewusst das Rühr- und Spiegelei weggelassen.
- eine große Spannweite meines Angebots zu vereinfachen: »Mögen Sie eher Pizza, Asiatisch oder BBQ?«.
- einen Abschluss einzuleiten: »Passt Ihnen Donnerstagnachmittag oder besser Freitag früh?« oder »Sollen es 500 Gramm oder besser gleich ein ganzes Kilo sein?«.

Alternativfrage	Funktioniert am besten…	Beispiel
Qualifizierung	In der Bedarfsanalyse zur Qualifizierung der Lage	»Kommen Kunden zu Ihnen oder machen Sie Kaltakquise am Telefon?«
Eingrenzung	In der Produktpräsentation zur Eingrenzung meines Angebots	»Bevorzugen Sie ein Training online oder lieber bei Ihnen im Hause?«
Abschluss	Im Gesprächsabschluss als weichere Abschlussfrage	»Zahlen Sie lieber per Kreditkarte oder per Überweisung?«

Tab. 11: Alternativfragen im Verkaufsgespräch

6.2.4 Rhetorische- und suggestive Fragen, die keine sind – für das kleine Ja zwischendurch

Die Kunst der Manipulation ist es, anderen eine Meinung in den Kopf zu pflanzen, ohne dass sie danach gefragt haben.

> »Wissen wir nicht alle, wie schwer es ist, neue Kunden zu finden?«
> »Ich kenne niemanden, dem Kaltakquise Spaß macht, Du etwa?«

Dies sind zwei Vertreter der manipulativen Fragen: die rhetorische und die suggestive Frage. Die rhetorische Frage ist eigentlich eine Aussage, die als Frage formuliert wird und bereits die Antwort beinhaltet. Der Kunde braucht nicht mehr zu antworten. Ein zustimmendes Nicken reicht. Bei der Suggestivfrage gebe ich eine Empfehlung und Musterantwort, die der Kunde am besten zustimmen sollte. »Sie geben mir doch sicherlich recht, dass es sinnvoll ist, sich unsere Lösung mal genauer anzusehen, oder?« Es fällt schwer, sich der Zustimmung zu entziehen, zumindest, wenn sie überzeugend formuliert und vorgetragen werden. Sie sind beide manipulativ, aber bei der Suggestivfrage muss man besonders aufpassen, dass Kunden die Beeinflussung nicht zu schnell bemerken.

Ich nutze rhetorische und suggestive Fragen, um:

- bewusst in ein Thema einzusteigen und generelle Zustimmung zu erzwingen: »Haben wir nicht alle mit dem Mangel an Fachpersonal zu kämpfen?«
- eine Gemeinsamkeit aufzuzeigen: »Kennen wir nicht alle ...« beinhaltet sowohl den Kunden als auch seine Branche, seine Wettbewerber und mich. Ich schaffe mit rhetorischen Fragen eine gemeinsame Ebene.
- dem Kunden ein kleines verbales oder nonverbales Signal abzuverlangen: »Meine Behauptung stimmt doch, oder?«, alternativ: »Sie müssen mir doch zustimmen, dass ..., oder?«. Suggestivfragen richten sich an den Kunden und verlangen nach Zustimmung.
- nach der Präsentation meines Angebots und Nutzen die Zustimmung zu bekommen, um den nächsten Schritt zu gehen beziehungsweise den Abschluss einzuleiten.

Manipulative Frage	Funktioniert am besten...	Beispiel
Rhetorisch	Zu Gesprächsbeginn, um in ein Thema einzuleiten und Zustimmung zu erhalten.	»Sind wir nicht alle gestresst von diesem heißen Sommer?«
Suggestiv	Am Ende, um eine Zustimmung zu erzwingen und in den Abschluss zu gehen	»Sie stimmen mir doch sicherlich zu, dass Wasserspender einen positiven Beitrag zum Betriebsklima leisten, oder?«

Tab. 12: Manipulative Fragen im Verkaufsgespräch

6.2.5 Die Negativstrategie für mehr Zustimmung

In manchen Studien wird behauptet, ein Verkäufer benötige mindestens dreimal die Zustimmung des Kunden, um den Abschluss perfekt zu machen: Das erste »Ja« für die Überzeugung (das Herz sagt Ja, der Kopf ist noch unschlüssig), das zweite zur mentalen Bestätigung (der Kopf stimmt zu) und das dritte für das Commitment. Jetzt sind Kopf und Herz im Einklang.

Manchmal ist es jedoch schwierig, sich vom Gegenüber ein verbindliches »Ja« abzuholen, besonders nach einer intensiven Verhandlung – denn Zustimmung heißt Verpflichtung. Sei es durch Preis, Unterschreitung von Mindestliefermengen oder anderweitiges Entgegenkommen, ein Commitment des Kunden ist zeitweise mühsam zu erreichen. Bei Gesprächspartnern, die im Cold Call viele Argumente bringen und ein nachfolgendes Beratungsgespräch ablehnen, funktionieren außerdem Alternativ- oder Suggestivfragen nur sehr selten, denn eine Alternativfrage setzt die Zustimmung voraus: »Möchten Sie bei uns vorbeikommen oder wäre Ihnen ein Webmeeting lieber?« Die Suggestivfrage hingegen legt eine Zustimmung nahe, die bis dato nicht gegeben worden ist: »Sie geben mir doch sicherlich recht, dass Sie besser alle Fakten kennen sollten, bevor Sie sich dagegen entscheiden, oder?«

Die letzte Frage zielt auf das »Ja« als Zustimmung. Doch manchmal ist gerade das »Ja« zu sperrig oder zu endgültig. Chris Voss[3], ehemaliger FBI-Agent und erfahrener Geiselverhandler, formulierte deshalb Fragen um, damit Geiselnehmer seinen Forderungen leichter zustimmen. Es fällt den Kunden einfacher, zuzustimmen, wenn die Logik und das Narrativs umgedreht wird, indem wir die Abschlussfrage negativ formulieren und mit einem »Nein« bestätigen lassen.

> **Beispiel:**
>
> »Wäre es zu viel verlangt, sich in einem halbstündigen Gespräch mit dem wichtigen Thema auseinanderzusetzen, damit Sie hinterher die bestmögliche Entscheidung treffen können?«

Mit der Umkehrung der Frage appellieren wir an den logischen Verstand und sind in der Lage, ein »Nein« als Antwort zuzulassen. Denn in diesem Falle signalisiert »Nein« die Zustimmung und geht dem gestressten Gesprächs- oder Verhandlungspartner viel leichter von den Lippen.

Der Mix macht es! Ein Wort der Warnung

Ein Verkaufsgespräch sollte ein lebendiger Dialog sein. Auch wenn wir uns schöne Fragen ausdenken, ist es wichtig, dass das Gespräch zwanglos bleibt und fließen kann. Mehr als drei offene Fragen hintereinander ohne Kontrollfrage zur Bestätigung zwischendurch – das wirkt konstruiert. Überlege Dir also im Vorfeld, welche Informationen Du unabdingbar erfragen musst und was nur »nice to know« ist.

Fazit Teil 2

Nun haben wir uns mit dem Kaufvorgang und den grundlegenden Elementen beschäftigt, wie aus einem Problem ein Mangel entsteht, der Bedarf und aktive Nachfrage auslöst. Die Kaufmotive »Angst vor Nachteilen« und »Streben nach Wachstum (Gier)« sind dabei die Faktoren, die uns Menschen zum Handeln veranlassen.

Um Mängel sichtbar zu machen, zeigst Du Deinem Zielkunden die Vision eines realisierbaren Soll-Zustands, der ein klares Defizit zur aktuellen Situation erkennen lässt. Erst durch die möglichen Auswirkungen des Mangels auf die Ist-Situation des Kunden kreierst Du Handlungsdruck.

Die Lösung, also das Produkt oder die Dienstleistung, ist die Summe aller Features, die wir zum Kauf anbieten. Je nach Kaufphase des Kunden solltest Du primär die Eigenschaften, Vorteile und den Nutzen herausstellen. Für Kunden in der Beratungsphase ist der Kundennutzen entscheidend. Befinden sich Kunden in der Vergleichsphase, wächst die Bedeutung detaillierter Eigenschaften (Produktfeatures).

Um über den Kauf zu entscheiden, wägen Kunden nach dem Mehrwert ab. Es benötigt den Ausblick eines signifikanten Mehrwerts, um nicht gleich zu Beginn zu scheitern. Oftmals wiegen benötigte Zeit und zusätzliche Ressourcen für die Implementierung mehr als der anvisierte Nutzen.

Im Kundendialog entsteht ein Informationsaustausch. Um Probleme oder dessen Auswirkungen bildlich zu transportieren, nutzt Du als Sales Insider entweder eine kluge Fragestellung oder die Visualisierung durch Storytelling. Entscheidend für die bessere Taktik ist das etablierte Vertrauen, Relevanz des Themas und die Bereitschaft der Zeitinvestition des Kunden.

Fragen können nicht nur zur Informationsgewinnung, sondern auch zur Manipulation und Lenkung des Gesprächs beitragen. Mithilfe unterschiedlicher Fragetechniken kannst Du gezielt das Meinungsbild Deines Kunden lenken, um bessere Verkaufschancen zu generieren.

Teil 3 – Die Erfolgsformel für den Verkauf

7 Der Ablauf eines Verkaufsgesprächs

Abb. 15: Kapitelnavigation Kapitel 7l

Bevor wir die einzelnen Phasen des Verkaufsgesprächs im Detail besprechen, bekommst Du hier einen Überblick über die Gesprächsstruktur.

#	Gesprächsabschnitt	Zweck
1	Gesprächseinstieg und Status quo	Schaffe eine vertrauensvolle Gesprächsatmosphäre und identifiziere die Ausgangslage Deines Kunden.
2	Bedarfsanalyse: Hilf dem Kunden aus seiner Komfortzone	Visualisiere mögliche Kundenprobleme und deren negative Auswirkungen. Kreiere die Vision eines neuen Sollzustandes und definiere den Bedarf im Detail.
3	Die Präsentation Deines Angebots	Fülle die Lücke zwischen IST- und Soll-Zustand mit Deinem Angebot, grenze Dich von Deiner Konkurrenz ab.
4	Der Mehrwert des nächsten Schrittes	Visualisiere den Mehrwert des nächsten Schrittes und leite den Abschluss ein.
5	Auf eventuelle Einwände reagieren	Behebe Einwände und Blockaden und verkaufe den nächsten Schritt.

Tab. 13: Ablauf eines Verkaufsgesprächs

Je nach Art des Gesprächs variiert der Gesprächsschwerpunkt:

- In einem Erstkontakt, Kaltakquise oder Discovery Call liegen die Schwerpunkte auf dem Gesprächseinstieg und der Bedarfsanalyse.
- In Sales Meetings, bei Beratungs- und Verkaufsgesprächen, kommen alle Komponenten gleichermaßen zum Einsatz.
- Bei eingehenden Anfragen und im Follow-up-Gespräch liegt der Fokus auf der Abgrenzung zur Konkurrenz und dem Mehrwert Deines Angebots.
- Bei einem Follow-up-Gespräch dreht sich das meiste um den konkreten ROI.
- Im Up- & Cross-Selling bei eingehenden Bestellungen liegt der Fokus auf der Bedarfsanalyse, der Produktpräsentation und dem gesteigerten Mehrwert, abgestimmt auf die ursprüngliche Bestellung.

Storytime: Columbus!

Wir standen kurz davor, mit einem neuen Seminarformat durchzustarten: Expos mit Fachkonferenzen. Mein mittlerweile zwölfköpfiges Team sollte das Konzept vermarkten. Ich hatte dafür gekämpft, das Format aus Deutschland heraus zu launchen – mit dem Ziel, es international zu skalieren. Das gefiel jedoch nicht jedem: Mehr Formate bedeuteten auch, dass man Budgets mit anderen teilen musste. Für die Expos wurde ein eigenes Team aus fünf neuen Kollegen gebildet – allesamt motiviert, aber noch Rookies. Das »Aquarium«, unser früherer Arbeitsbereich, wurde bald zu eng. Wir zogen zurück auf den offenen Sales Floor – direkt in Sicht- und Hörweite unseres Chefs Marvin, unser australischer General Manager mit direktem Führungsstil und einer Vorliebe für lautstarke Motivationsmethoden.

Eines Tages kam Kelly, unsere Office-Assistenz, mit einer Notiz: Marvin bat mich zu einem Gespräch. Er eröffnete mir, dass Marcus plante, die Expos in Osteuropa aufzubauen – mit mir als General Manager eines neuen Standorts. Marvin schlug Polen vor, wegen der günstigen Bedingungen. Nach kurzer Überlegung entschieden wir uns jedoch für Budapest. Die Stadt hatte Charme, eine Nähe zur deutschsprachigen Kultur und ein gutes Recruiting-Potenzial. Anfang 2004, nach nur fünf Monaten, eröffneten wir unser Büro in der Váci Utca, gegenüber der großen Markthalle. Die Geschichte wiederholte sich, nur saß ich diesmal auf der anderen Seite.

Das erste Bootcamp dauert vier Wochen lang und wurde in Berlin abgehalten. Danach flogen wir gemeinsam am 30. Januar bei Eiseskälte in die ungarische Hauptstadt. Ich hatte in den ersten vierzehn Tagen ein Hotelzimmer in zehn Minuten Fußweite vom Büro, bevor ich später eine Wohnung nahe der Donau mietete. Ich kannte am Anfang niemanden, außer unserem Möbellieferanten und den Immobilienmakler. Beide hießen Zoltan mit Vornamen und sprachen Englisch. Noch am Tag meiner Ankunft schickte mir Immobilien-Zoltan eine SMS: »Willkommen in der Neuen Welt, Columbus!« Ich machte mich auf in ein Abenteuer mit Tiefen und Höhen.

...

Der Winter verging und der Frühling brachte frischen Wind. Mein Kollege Stephan, der im April nach Budapest gezogen war, wohnte wie ich gleich um die Ecke. Wir beide setzten auf junge Talente und bildeten unsere Verkäufer selbst aus. Unser Erfolg basierte auf den individuellen Leistungen von Ákos, Gerard, Eszter und Attila, die wir zu einem Team formten.

Attilas ungarischer Nachname hieß übersetzt »Weiß«, was »Mister White« als Eisbrecher in seinen Gesprächen nutzte. Gerade bei deutschen Gesprächspartnern lockerte dieser kleine sprachliche Kniff die erste Hürde oft spürbar. Attila verstand es, durch kleine Ges-

ten Vertrauen aufzubauen – eine Fähigkeit, die im Vertrieb Gold wert ist. Gerard sprach neben ungarisch auch Deutsch und Holländisch auf muttersprachlichem Niveau. Er war ehrgeizig und detailverliebt, verbrachte Stunden damit, seinen Pitch zu perfektionieren, nur um dann die Nerven zu verlieren, sobald er den ersten Geschäftsführer am Telefon hatte. Er stotterte, legte schnell den Hörer auf und versuchte es dann erneut, wobei er seinen ganzen Mut zusammennahm. Heute ist er ein wortgewandter Redner und Verkäufer – ein Beweis dafür, dass Vertrieb auch Persönlichkeitsentwicklung bedeutet. Ákos, der einst als Barkeeper arbeitete und ungarischer Jugendmeister im Tango war, hatte ein tiefes Verständnis für die leidvolle Seele Osteuropas, das seinesgleichen suchte. Seine Fähigkeit, ungarische Geschäftspartner zu außergewöhnlichen Kaufentscheidungen zu bewegen, verdeutlicht, dass die Psychologie des Kaufens unabhängig von Sprachbarrieren funktioniert.

Nur fünfzehn Jahre nach dem Mauerfall und dem Aufbrechen des Eisernen Vorhangs löste der unverwechselbare harte Akzent der Osteuropäer noch immer ungewollte Assoziationen auf, der zu einer unbewussten Ablehnung führte. Unsere Kollegin mit starkem russischem Akzent wurde am Telefon nicht selten automatisch in eine bestimmte Schublade gesteckt. Sie selbst nahm es mit Humor, wusste aber, dass der Gesprächseinstieg bei ihr doppelt überzeugen musste. Mit einem charmanten, souveränen Ton schaffte sie es, Skepsis aufzulösen und schnell Vertrauen aufzubauen. Der Gesprächseinstieg ist der Schlüsselmoment, der darüber entscheidet, ob ein Gespräch überhaupt geführt werden darf. Die wichtigste Lektion, die wir unseren ungarischen Kollegen mitgaben? Mit Witz, Leichtigkeit und fachlicher Kompetenz lässt sich fast jede erste Hürde nehmen – andernfalls endet man schnell wie Wim, der einst nach zwei Sätzen Gesprächszeit regelmäßig kommentarlos aufgelegt bekam.

Aus diesen Umständen heraus entwickelten wir gemeinsam die erste Version eines Call Canvas (siehe Teil 4, Kapitel 13)*: Anstelle von festen Vorgaben, die man mechanisch verfolgen muss, teilten wir den Pitch in sinnvolle Gesprächsabschnitte ein, die jeweils einen eigenen Zweck hatten und ein eigenes Ziel verfolgten. Mit dieser Sichtweise konnten wir die Zwischenziele vergleichen und die einzelnen Module verbessern.*

Mein Team und ich schrieben alle Komponenten auf, die einen Sales Call erst zu einem wirklich erfolgreichen Verkaufsgespräch machten, reihten Gesprächsabschnitte aneinander – und so entstand ein Leitfaden, der gar keiner sein wollte: flexibel, pragmatisch und wirksam.

8 Der Gesprächseinstieg

Abb. 16: Kapitalnavigation Kapitel 8

Hand hoch! Wer mag es, wenn das Telefon klingelt und jemand uns ein Verkaufsgespräch aufdrückt? Niemand? Ich finde es zwar ab und zu unterhaltsam, aus beruflicher Sicht. Aber die schweigende Mehrheit sieht das eher anders. Da kommt ein schlimmer Gedanke auf: Wer mag dann Verkäufer überhaupt? Am Telefon werden sie nicht gemocht, dort nerven sie total. In Geschäften ebenfalls nicht, da schleichen sie sich von hinten an und geben ungewollt ihren Senf dazu. Im Baumarkt hingegen findet man sie nicht, wenn man sie braucht. Es scheint, als könnte es diese Spezies niemandem recht machen. Dennoch gilt: Niemand hat etwas gegen eine gute und ehrliche Beratung. Ein Berater hat Expertise, auf die wir vertrauen – und er will mir nicht zwingend etwas verkaufen, sondern unterstützt mich bei meinem Kauf.

Obwohl die Vorurteile zu Verkäufern und die Vorschusslorbeeren des Beraters lediglich zwei Sichtweisen für ein und dieselbe Person sind, weisen sie uns den Weg. Denn es liegt an uns, wie wir wahrgenommen werden. Du klingst wie ein Verkäufer? Dann erwartet Dich möglicherweise das gleiche Schicksal wie die zwanzig Anrufer vor Dir.

Wie wirst Du wahrgenommen?
Ob wir wollen oder nicht: Der Gesprächseinstieg ist unsere erste Chance, Eindruck zu machen – und oft auch die letzte, wenn er misslingt. Wir begrüßen unseren Gesprächspartner und können den Beginn nutzen, um die Beziehung zu etablieren, ohne das Gespräch zu zerreden. Wie zu Beginn in der Storytime erwähnt, entscheidet der Einstieg, ob wir das Gespräch überhaupt führen dürfen.

Im Vertrieb gibt es eine Parallele zwischen dem Face-to-Face-Verkauf und der telefonischen Akquisition, ähnlich wie zwischen Spielfilm und Roman: Wo in einem Film alles gut ausgeleuchtet und der Protagonist mit all seinen Charakterzügen optisch dargestellt ist, so bedarf es bei der gelesenen Version eigener Vorstellungskraft. Im stationären Handel kann ich mit all meinen Sinnen eine Situation wahrnehmen, am Telefon hingegen wecken der Klang der Stimme, der Dialekt und die Betonung einzelner Wörter meine Vorstellungskraft über den Menschen am anderen Ende. Freude, Energie und Charakter müssen durch den Hörer zu spüren sein.

Beziehungsebene schaffen – von Anfang an

Der Einstieg in ein Gespräch ist der Moment, in dem wir nicht nur inhaltlich, sondern vor allem zwischenmenschlich den Grundstein legen. Eine freundliche Begrüßung, ein gezielter Eisbrecher oder eine Gemeinsamkeit im Small Talk können uns dabei helfen, gleich zu Beginn eine Beziehung herzustellen. So entsteht eine vertrauensvolle Gesprächsatmosphäre.

Paul Watzlawick[4], ein österreichischer Kommunikationsforscher, hat einige Grundsätze, sogenannte Axiome, herausgearbeitet, an denen sich die gesamte Kommunikation von Menschen orientiert. Du kennst sicherlich eine seiner berühmtesten Grundregeln: »Man kann nicht nicht kommunizieren.« Selbst wenn Du in einer Bar konzentriert auf Dein Handy starrst, kommunizierst Du gleichzeitig Deiner Umwelt, dass Du kein Interesse an einem Gespräch hast. Auch am Telefon senden wir Signale: Wie schnell wir sprechen oder ob wir gestresst klingen, beeinflusst sofort die Wahrnehmung. Genau deshalb ist der Einstieg so entscheidend – er kommuniziert mehr als bloße Worte.

Paul Watzlawick prägte auch die Auffassung, dass die Beziehungsebene zwischen den Parteien Einfluss auf die den Inhaltsaspekt einer Nachricht hat: Haben wir eine vertrauensvolle Beziehung, nehmen wir Gesprächsinhalte anders wahr als bei Fremden. Mein Hausarzt, den ich lange kenne, kann eher Klartext mit mir über Ernährung und die Wichtigkeit von Bewegung reden als mein neuer Kollege, der gestern seinen ersten Arbeitstag hatte. Das zeigt sich gerade im Einstieg eines Gesprächs – dort entscheidet sich, ob Offenheit entstehen kann, weil Beziehung aufgebaut wird.

Letztendlich definierte Watzlawick auch, dass jede Kommunikation auf zwei Ebenen stattfindet: Es gibt den inhaltsbasierten Level, wo Worte und Sprache sinngemäß den digitalen Inhalt darstellen. »Ich fühle mich gut« ist eine sachliche Aussage über meinen Gemütszustand. Die analogen Informationen beziehen wir durch die Körpersprache und Tonalität. Wenn ich während der Aussage »Ich fühle mich gut« meine Arme dicht am Körper verschränke und meine Mundwinkel bis zum Boden hängen, überbringt meine Körpersprache meinem Gegenüber eine ganz andere Nachricht. Anderseits kann ich mit Körpersprache auch den Inhalt und meine persönliche Wahrnehmung positiv beeinflussen. Gerade im Gesprächseinstieg ist diese zweite Ebene entscheidend. Ein einfaches »Guten Tag, mein Name ist …« kann freundlich, gehetzt oder lustlos klingen – und jedes Mal kommt eine andere Botschaft an. Selbst ein Satz wie »Ich freue mich, Sie zu sprechen« wirkt nicht, wenn er ohne Energie gesagt wird. Umgekehrt lässt sich mit einer offenen Stimme und positiver Körpersprache (selbst am Telefon spürbar!) Vertrauen aufbauen, noch bevor der eigentliche Inhalt zur Sprache kommt.

Die missverstandene Studie über nonverbale Kommunikation
Du hast vielleicht schon mal von der Mehrabian-Studie[5] gehört, in der es heißt, dass nur 7 Prozent der Verständigung mit Worten stattfinden. Dafür erfolgen 38 Prozent durch die Tonalität und 55 Prozent durch Körpersprache.

Es stimmt, dass Stimmfarbe, Klang, Lautstärke, Sprachgeschwindigkeit und Mimik wie Gestiken, also die nonverbale Kommunikation, ein wichtiger Faktor sind. Diese Studie wird jedoch missverstanden und falsch angewandt: Es ging dem Psychologieprofessor Albert Mehrabian um den Vergleich von Inhalt und Tonalität vorgelesener Wörter. Demnach sind Wörter, die entweder positive, neutrale oder negative Gefühle beschreiben, also Begriffe wie »Schatz«, »großartig« oder »Liebe«, positiv belegt. Ausdrücke wie »furchtbar«, »Stopp« oder »Krieg« sind hingegen negativ besetzt. Dazwischen gibt es neutrale Äußerungen wie »vielleicht«, »wirklich« oder »was«.

Es wurden alle Wörter einerseits mit positiver, anderseits mit neutraler und letztendlich negativer Ausdrucksweise ausgesprochen. Das Ergebnis zeigt, dass es eine Ungleichheit zwischen der Bedeutung des Wortes und der Tonalität gibt. Wenn zum Beispiel das Wort »großartig« aggressiv und böse ausgesprochen wird, glauben wir viel eher der Tonalität und der dazu passenden Körpersprache anstatt dem ausgesprochenen Inhalt.

Für Dich heißt diese Erkenntnis, dass die Stimme Einfluss auf den Inhaltsaspekt Deiner Nachricht hat. Wenn Du die Details eines spannenden Produkts gelangweilt vorliest, können die Wörter noch so toll sein. Wenn Du für Dinge brennst und diese ebenso als solche betonst, kannst Du aus einer alltäglichen Sachinformation die genialste Erfindung seit geschnittenem Brot machen. Gerade beim Gesprächseinstieg wirkt dieser Effekt besonders stark: In den ersten Sekunden entscheidet sich, ob der Gesprächspartner sich öffnet oder innerlich abblockt – lange bevor es um Produktdetails oder Argumente geht. Deine Stimme, Dein Tempo, Deine erste Formulierung: All das signalisiert, ob Du willkommen bist oder wie ein weiterer lästiger Anrufer wirkst. Ein gelungener Einstieg ist also nicht nur eine Sache der Worte, sondern vor allem der Wirkung.

Die Art und Weise Deiner Kommunikation reflektiert Deine Persönlichkeit und gibt zeitgleich einen Hinweis darauf, welcher Typ Verkäufer Du bist.

8.1 Die Kommunikation nach Persönlichkeitstyp

Bist Du schon mal über die Abkürzung DISG gestoßen? Sie fasst ein Persönlichkeitsmodell von John G. Geier aus den 1970er Jahren zusammen, das Menschen nach unterschiedlichen Denkmustern und Selbstwahrnehmungen einteilt.[6] Es gibt viele Persönlichkeitsmodelle, die in vereinfachten Darstellungen die vier wichtigsten Charaktere und deren Merkmale aufzeigen. Natürlich lassen wir Menschen uns nicht in nur vier Kategorien aufteilen, sondern sind Kombinationen und Mischformen mit einer oder zwei dominanten Ausprägungen.

Was das Ganze mit Verkaufen zu tun hat? Wenn wir sagen, dass wir unser Gegenüber spiegeln, heißt das, dass wir uns seinem Stil anpassen. Ein Analytiker bevorzugt eine andere Kommunikation als ein emotional geprägter Mensch.

Und wie bestimmen wir die Persönlichkeiten? Am übersichtlichsten ist es, die vier Gruppen entlang von zwei gegensätzlichen Kriterienpaaren zu strukturieren – aus deren Kombination ergeben sich schließlich die vier Kategorien. Auf der x-Achse stellen wir rationales Denken der Emotionalität gegenüber. Manche Menschen neigen zu spontanen emotionalen Reaktionen, wohingegen andere eher mit Überlegung und Gewissenhaftigkeit vorgehen. Auf der y-Achse stellen wir extrovertiertes Auftreten der introvertierten Verhaltensweise gegenüber. Extrovertierte Menschen treten dominanter auf und wirken weniger verschlossen als introvertierte Persönlichkeiten. Betrachtet man nun die vier Kriterien, kommt man zu den vier unterschiedlichen Typen.

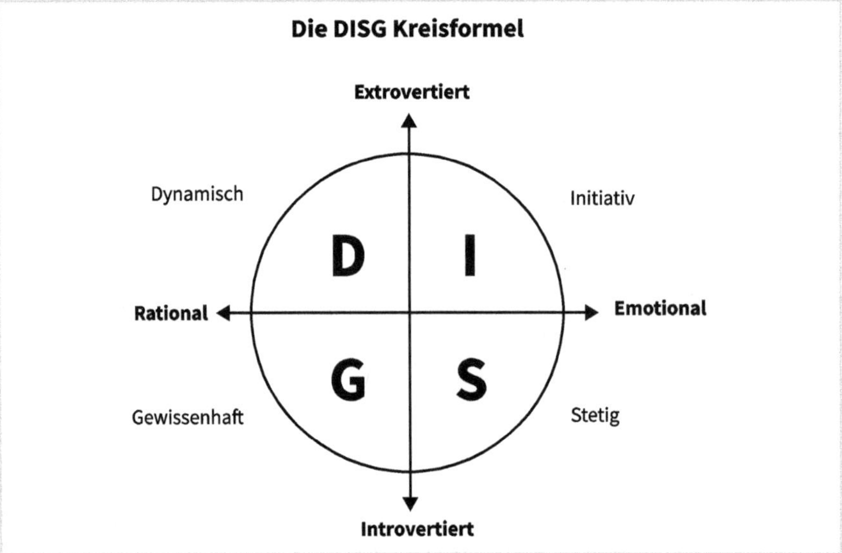

Abb. 17: DISG-Kreisformel

Rational und extrovertiert – Typ »dominant«

Rationale und extrovertierte Typen sind dominant und entscheiden schnell nach rationalen Gesichtspunkten. Sie nehmen Risiken als Chancen wahr, denn wer nicht wagt, der nicht gewinnt. Sie sind egozentrisch und anspruchsvoll.

Als Verkäufer solltest Du zügig zur Sache kommen und das Schwafeln vermeiden. Sie haben einen inneren Antrieb, der Beste zu sein, und verlassen sich nicht auf ihr Bauchgefühl. Daher entscheiden und prüfen sie Argumente und Kaufofferten nach Sachlage. Gehe vorbereitet in das Gespräch und punkte mit detaillierten und prägnanten Sachkenntnissen. Joviale Verkäufer scheitern an diesem Typ, der schon mal auf den Gefühlen anderer herumtrampelt. Man findet Vertreter dieser Persönlichkeit häufig in Managementpositionen von Konzernen und großen Unternehmen.

Emotional und extrovertiert – Typ »initiativ«

Diese Typen sind Geschichtenerzähler und kennen Gott und die Welt. Sie haben einen größeren Freundeskreis und stehen gerne im Mittelpunkt. Sie sind wie die Sonne, die von anderen umkreist wird. Sie sind enthusiastisch und entscheiden aus dem Bauch heraus. Emotionale Menschen stellen Beziehungen über die Sache und gehen Partnerschaften und Risiken ein, die sich manchmal erst langfristig auszahlen. Ihre Angst ist es, etwas Lohnenswertes zu verpassen.

Bitte diese Art Kunde nicht darum, eine Sachlage zu prüfen, sondern präsentiere Dein Ergebnis schlüsselfertig. Diese Persönlichkeiten gehen oft mit der Mode und schmücken sich mit Statussymbolen. Als Verkäufer solltest Du aktiv zuhören und echtes Interesse an der Person und der Sache zeigen, um zu punkten. Lasse langweilige Details lieber weg, dann kommt dieser Persönlichkeitstyp zu einer schnellen Entscheidung. Du findest ihn unter anderem im klassischen Unternehmer, speziell in Vertriebspositionen.

Emotional und introvertiert – Typ »stetig«

Auch diese Persönlichkeitstypen schätzen gute Beziehungen, wobei sie aber nicht im Mittelpunkt stehen wollen. Sie sind eher passiv, streben nach Harmonie und loyalen Partnerschaften. Sie sind teamfähig und meiden das persönliche Risiko.

Du überzeugst sie mit Unkompliziertheit und Einfachheit. Argumentiere schlüssig und nehme etwaige Risiken raus, indem Du garantierst, dass das Vereinbarte eingehalten wird. Diese Menschen erweisen sich als gute Diplomaten und Vermittler. Du findest sie unter anderem im Personalwesen, in Verbänden und Beratern.

Rational und introvertiert – Typ »gewissenhaft«

Diese Perfektionisten haben sich ganz der Sache verschrieben und scheuen es, im Rampenlicht zu stehen. Sie haben Angst, sich falsch zu entscheiden, und betrachten alle sachlichen Faktoren systematisch, bevor sie eine Entscheidung treffen. Sie sind Tüftler und Erfinder, Ingenieure oder Produktspezialisten.

Um bei ihnen zu punkten, benötigst Du als Fundament detaillierte Sachkenntnisse, die Du ohne Geschichten und Anekdoten vermitteln solltest. Sie sind leise und ordentlich und können stundenlang über ein Problem grübeln und mit Gleichgesinnten fachsimpeln.

8.2 Die Verkäufertypen

Es gibt unterschiedliche Verkäufertypen, sowohl in ihrer Arbeitsweise, als auch in ihrer Wirkung auf Kunden.

Die Klassiker, die sich in ihrer **Arbeitsweise** und Herangehensweise unterscheiden, liste ich Dir als Erstes auf:

- Der einsame Wolf ist kein Teamplayer. Er agiert allein und verlässt sich selten auf andere.
- Der reaktive Problemlöser nimmt sich der Kundenprobleme an, anstatt diese dem Kundendienst zu übergeben. Vor lauter Problemlösungen vergisst er manchmal das Verkaufen an sich.
- Der harte Arbeiter gibt niemals auf und hält an offenen Verkaufschancen gelegentlich zu lange fest.
- Der Herausforderer öffnet als Mister Miyagi den Kunden die Augen, indem er den Blick über den Tellerrand ermöglicht. Er agiert rationaler und nimmt auf die Gefühle der Kunden weniger Rücksicht.
- Der Beziehungsverkäufer verkauft dem Kunden das, was er braucht. Manche behaupten, dass in Krisenzeiten seine Verkaufsperformance sinkt, da er aus Verständnis und Sympathie das Nein des Kunden akzeptiert und weniger bereit ist, für seinen Erfolg zu kämpfen.

Ich möchte an dieser Stelle betonen, dass diese fünf Verkäufertypen keine starren Schablonen sind. In der Praxis bringt kaum jemand ausschließlich die Eigenschaften nur eines Typs mit. Ein Beziehungsverkäufer kann durchaus hart arbeiten und Kunden herausfordern. Ein Problemlöser ist oftmals auch ein Beziehungsverkäufer. Gerade die Rolle des Beziehungsverkäufers wird oft unterschätzt – oder falsch interpretiert. Ich möchte klarstellen, dass eine gute Kundenbeziehung noch lange nicht bedeutet, dass man die Flinte vorschnell ins Korn wirft. Im Gegenteil: Erst durch eine ausgezeichnete Beziehung sind wir als Verkäufer in der Lage, den Kunden herauszufordern. Wir wollen mit ihm eine Reise beschreiten, wodurch potenzielle Probleme aufgespürt werden und das Eingestehen eines Mangels schmerzlich sein kann. Das klappt nur, weil uns das Gegenüber vertraut und nicht von Beginn an abblockt. Wie erfolgreich Dein Verkaufsgespräch werden wird, hängt also maßgeblich davon ab, wie schnell Du es schaffst, eine Beziehung aufzubauen.

Die Wirkung von Verkäufer auf Kunden
Nachdem wir uns zuvor mit verschiedenen Verkäufertypen in Bezug auf ihre Arbeitsweise beschäftigt haben, wenden wir uns nun einem anderen, ebenso entscheidenden Aspekt zu: der **Wirkung**, die Verkäufer auf ihre Gesprächspartner haben. Denn unabhängig davon, wie jemand intern organisiert oder methodisch unterwegs ist – was beim Kunden ankommt, zählt am Ende.

Ich habe über die Jahre viele Verkaufsgespräche analysiert: Wie wird sich der Verkäufer anstellen? Wie schafft er es, eine Ebene mit dem Gegenüber zu finden? Welchen Nutzen bring er rüber? Auf Basis dieser Eindrücke konnte ich die Anrufer in sechs Kategorien einteilen:

1. der Vorleser (aka Rookie),
2. der Emotionslose,
3. der freundliche Zuvorkommende,
4. der aufgedrehte Schwätzer,
5. der bestimmende Besserwisser oder Klugscheißer,
6. der Sales Insider – aka Profi.

Die Grenzen verschwimmen etwas. Manchmal sind sie nur freundlich oder auch aufgedreht und gut gelaunt zusammen. Die meisten Typen sind für meinen Geschmack nicht immer dazu geeignet, um mir etwas zu verkaufen. Aber man kann bei der Wahl seiner Mitarbeiter nicht wählerisch sein. Da Du als Sales Insider dieses Buch liest, bist Du in der Kategorie Profi – oder wirst es zumindest im Anschluss sein.

1. Der Vorleser
Der Vorleser ist tendenziell ein Rookie, der sich seinen Pitch nicht merken kann, oder jemand mit einem Manager, der darauf besteht, dass das Gespräch Wort für Wort heruntergebetet wird. Gibt es hier eine gemeinsame Ebene? Machst Du Witze? Manchmal unterbreche ich das Gebet und stelle eine kleine Gegenfrage, nur um zu sehen, wie er reagiert. Spoiler: Meist nicht besonders gut.

Es ist klar, dass ein Leitfaden auseinanderfällt, sobald der Angerufene an der falschen Stelle Fragen stellt. Dabei habe ich nicht nach seiner Schuhgröße gefragt oder was er zum Lunch hatte (mache ich aber definitiv beim nächsten Mal). Natürlich weiß ich um die Sicherheit eines Leitfadens, deshalb verwenden manche diesen auch. Später erstellst Du einen Call Canvas – keinen Leitfaden, der auseinanderbricht, sondern eine Leitlinie für Deinen Erfolg.

2. Der Emotionslose
Der Emotionslose – gibt es so was denn? Ja! Und wie! Ich konnte es kaum glauben, aber manche Menschen sollten lieber Buchhalter werden. Ich mag Buchhalter, das sollte keine Beleidigung sein. Buchhalter rufen mich aber auch nicht an, um mir eine

Buchhaltungssoftware zu verkaufen. Um eine Bindung aufzubauen, sollte man zumindest sympathisch sein. Auch wenn das Leben kein Ponyhof ist – mich kann man nicht begeistern, indem man gelangweilt oder völlig unbegeistert von seinem Produkt erzählt. In manchen Fällen wussten die Verkäufer nicht einmal, was ich mache oder womit meine Firma ihr Geld verdient.

3. Der freundlich Zuvorkommende
Ich stelle mir die freundlichen, zuvorkommenden Verkäufer immer wie den Butler bei dem Fernsehslapstick »Dinner for One« vor: Er fragt mich höflich, ob ich Bedarf an seinem Produkt habe, und verabschiedet sich schnell, wenn ich Nein gesagt habe. Da werden keine Fragen gestellt und keine Einwände behandelt. Vielleicht könnte ich die Kategorie auch »das freundliche U-Boot« nennen. Sie tauchen auf, schießen ein einziges Mal und schnorcheln ab. Dann sind sie auf Nimmerwiedersehen verschwunden. Beim nächsten Mal sage ich Ja zum Bedarf – nur, um zu sehen, was anschließend passiert. Vielleicht ist es lediglich Angst, die diese Art Verkäufer vertreibt? Ich sollte an meinem Auftreten arbeiten. Vielleicht ist es meine grimmige Telefonstimme?

4. Der aufgedrehte Schwätzer
Manchmal habe ich einen aufgedrehten und übermotivierten Kollegen am Telefon, der all seine Fragen selbst beantwortet, bestimmt sein Grinsen im Gesicht festgetackert hat und vor jedem Gespräch drei Energydrinks trinkt, um ganz sicher gute Laune zu haben. Meist halten sie einen längeren Monolog und lassen mich nicht zu Wort kommen. Nach drei oder vier Minuten stockt mein Gegenüber, weil meine Stille irgendwann auch dem übermotiviertesten Verkäufer auffällt. Auch hier haben wir keine gemeinsame Ebene gefunden und das Gespräch findet ein schnelles Ende.

5. Der Besserwisser oder Klugscheißer
Und nun zu meiner Lieblingskategorie: der Klugscheißer. Es gibt Verkäufer, die schaffen es, dass ich mich klein fühle. Manchmal sind diese im englischen Sprachraum aufgewachsen und stellen mir überdurchschnittlich viele suggestive Fragen oder versuchen, mich anderweitig an der Leine durch die Manege zu ziehen. Es ist nicht so, dass sie untalentiert wären, sie machen sogar vieles richtig. Nur sind ihre Schmeicheleien zu plump und unehrlich, die Fragen so übergriffig, dass ich mich eher manipuliert als verstanden fühle.

Das eigentliche Problem: Es fehlt die Beziehungsebene. Dieser Verkäufer überspringt sie einfach. Er redet, als hätten wir eine gemeinsame Geschichte – dabei sind wir uns gerade erst am Hörer begegnet: »How are you, Sascha? You have a suberb looking website, Sascha!«, »marvellous« oder »stunning!«, »Sascha – isn't it a perfect time to maximize your leads by optimizing your web-presence?« Und bevor ich ihm vertraue, erklärt er mir, wie mein Geschäft wirklich funktioniert. Was bleibt, ist ein schaler Beigeschmack. Und der Eindruck, dass ich ihm vor allem eins geschenkt habe: meine Zeit.

6. Der Sales Insider, der Profi unter den Verkäufern

Grundsätzlich werden Geschäfte zwischen Menschen geschlossen, nicht zwischen Unternehmen. Der erste Eindruck entsteht nicht dadurch, indem ich alle vorliegenden Fakten abwäge und dann mit einer Punktzahl bestimme, ob mir mein Gegenüber sympathisch ist. Innerhalb von Sekunden entscheide ich aus dem Bauch heraus, ob ich jemanden mag oder nicht. Erst im Anschluss befasse ich mich mit dem Wieso.

Hast Du Dich jemals gefragt, warum Dir jemand von der ersten Sekunde an sympathisch ist? Es liegt ganz einfach an drei grundlegenden Faktoren: einer offenen Körperhaltung und einem echten herzlichen Lächeln kombiniert mit viel Energie. Besonders die positive Energie vermag andere Menschen am Telefon anzustecken.

Jemand, der mir gute Laune schenkt, kann gar nicht unsympathisch sein.
Sascha Kronberg

Wenn Du Dir das jetzt bildlich vorstellen willst, hilft das Klischee eines italienischen Familienvaters, der seine Familie mit weit offenen Armen begrüßt. Dein Aussehen ist unwichtig. Die Höhe oder Tiefe Deiner Stimme ist unwichtig. Ob Du nur ein Bein hast oder eine Zahnspange trägst, ist unwichtig. Menschliche Unvollkommenheit hingegen ist willkommen.

Der Schauspieler Keanu Reeves gab im April 2022 anlässlich der Filmmesse Cinemacon in Las Vegas Interviews als Promotion für seinen neuen Film. Die vielen kleinen ungescripteten Interviewschnipsel an sich waren nichts Besonderes. Aufmerksamkeit erzeugte eine zehnsekündige Filmsequenz am Rande des Interviews. Der Moderator fragte Keanu Reeves, was er den Leuten im Internet sagen möchte. Seine Antwort? Ganz profan: »Hallo, ich hoffe, es geht euch gut.« Das Entscheidende an diesem Video waren nicht seine Worte, sondern seine Ausstrahlung. Er überlegte kurz, was ihn menschlich wirken ließ, öffnete seine Arme und lächelte mit seinem ganzen Körper, als er diese nicht besonders originellen Worte in die Kamera sagte. Der Geniestreich lag in der Körpersprache und seinem Ausdruck. Den Clip kann man auf TikTok und Reddit unter »good vibes only« finden, zieh es Dir rein!

Wenn Du zum ersten Mal einem Fremden gegenüberstehst und einen guten Eindruck machen willst, sollten folgende Attribute auf Dich zutreffen:

- echt,
- ehrlich,
- energiegeladen,
- freundlich,
- gepflegt,
- gut gelaunt,
- herzlich,

- menschlich,
- nahbar,
- offen
- unvollkommen.

Also, gutes Aussehen schadet nie, jedoch sind uns Schauspieler nicht nur deswegen sympathisch. Es sind deren Ausdruck, Mimik und Bewegung, die uns einfangen, wie das Lächeln einer Julia Roberts oder das verschmitzte Grinsen eines Brad Pitt. Aber auch die schönsten Menschen sind äußerlich nicht vollkommen, sondern definieren sich mitunter erst durch ihre Zahnlücke oder Charakternase. Perfektion kann unsere Gegenüber einschüchtern. Wenn auch Du wie ich unvollkommen bist, sind Deine Chancen viel besser!

»Energiegeladen« steht ganz oben, weil wir mit unserer positiven Energie auf andere wirken und diese weiterreichen. Wenn Du brennst, kannst Du andere für Dein Angebot begeistern. Probiere es aus, wenn Du das nächste Mal in einen Raum voller Leute kommst. Wer gut drauf ist und vor Energie sprüht, wird viel positiver wahrgenommen – solange er nicht rumhampelt oder Quasselwasser getrunken hat. Natürlich wollen wir die Mimik und das Energielevel unserem Gesprächspartner anpassen. Es ist sehr viel einfacher, das Niveau ein wenig zu senken und es mit Professionalität zu ersetzen, als andersherum.

8.3 Der erste Eindruck am Telefon

Vieler meiner Verkäuferkollegen glauben, dass sie besser rüberkommen, wenn sie die perfekte Begrüßung haben, also den perfekten ersten Satz mit der richtigen Betonung. Die Worte klingen glatt und professionell, wie die eines Radiomoderators im Nachtprogramm. Oft kommt die allseits beliebte Frage »Sind sie der Verantwortliche für XY?« zum Einsatz, oder mein absoluter Lieblingssatz »Spreche ich mit Herrn Sascha Oliver Kronberg?«.

Wer mich fragt, ob ich wirklich »ich« bin und meinen zweiten Vornamen nennt, hat im Grunde schon verloren. Warum sollte das jemand tun, außer er ruft vom Finanzamt an oder beabsichtigt, mir etwas zu verkaufen? Keiner spricht mich mit meinem mittleren Namen an – das wirkt eher distanziert als verbindlich. Man könnte fast meine Kollegen bedauern – bloß ein einzelner Satz in den ersten fünf Sekunden und schon haben sie sich selbst disqualifiziert.

Schlimmer kann man es kaum machen. Natürlich ist es besser, mit einer klaren, energetischen Stimme aufzutreten, als mit einer unsicheren und leisen, aber Du solltest mich nicht völlig überrumpeln. »Energiegeladen« heißt nicht zwangsweise »laut«. Versuche es mit klaren und deutlichen Worten. Eine Portion gute Laune gehört hinein, genauso wie eine gewisse Herzlichkeit.

Das Wichtigste an Deiner Gesprächseröffnung ist es jedoch, genau wie das Gegenteil eines Verkäufers zu klingen. Dein Ziel muss es sein, Dich deutlich von anderen Anrufern zu unterscheiden.

Stelle Dir vor, Du sitzt in Deinem Büro und bist mit wichtigen Auswertungen beschäftigt. Dein Telefon klingelt und reißt Dich aus Deiner Konzentration. Wem würdest Du jetzt mehr böse sein? Einem perfekt gestylten Verkäufer, von dem du in den ersten Sekunden weißt, dass er dir was andrehen möchte? Oder einem herzlich klingenden Menschen, der über sich selbst lachend glaubt, sich vielleicht verwählt zu haben?

Menschlich anstelle von professionell

Professionalität macht Dich austauschbar. Dein erster Satz am Telefon sollte etwas sein, was Dich menschlich erscheinen lässt!

Winnie-the-Pooh
Ich stelle gerne einen Vergleich an, indem ich Batman dem Zeichentrickbären Winnie-the-Pooh gegenüberstelle. Es geht hierbei lediglich um den ersten Eindruck, die ersten drei bis fünf Sekunden Deines Gesprächs. Wo Batman perfekt und ein wenig furchteinflößend weiß, was er will, wenn er eine Szene betritt, ist Winnie herzlich und nett. Auch wenn er den Bienen an den Honig möchte.

Im übertragenden Sinne heißt das für Dich: Dein erster Satz am Telefon sollte Dich menschlich erscheinen lassen. Versuche es beispielsweise mit folgenden Gesprächseröffnungen.

Der Schmunzler

»Äh, hallo, Herr Müller, das ging jetzt aber ziemlich schnell. Es klingelte nicht mal im Telefon – Sie waren ja sofort am Apparat! Sagen Sie: *Sitzen* Sie auf Ihrem Telefon oder wollten Sie soeben selbst telefonieren?«

Diese Gesprächseröffnung ist ungewöhnlich und löst bei meinem Gegenüber hoffentlich ein Schmunzeln aus. Wenn er mit mir mit lächelt, habe ich schon mal einen Sympathiepunkt bekommen, und wenn es nicht belustigt reagiert, weiß ich ebenfalls, woran ich bin. Lächeln oder zum Lachen in den Keller gehen? Das ist hier die Frage.

Dialekte und Mundart

»Ursula Maier, ABC Regensburg, grüß Gott!?« – mit bayerischer Mundart, weil eben in Bayern. Helge, der mit der Marine drei Jahre auf See gewesen war, entgegnete dann immer: »Ja, moin, Frau Maier, hier spricht der Helge [Nachname]! Eigentlich wollte ich den lieben Gott noch nicht treffen. Das mit dem Grüßen kann gerne noch ein wenig warten, aber vielleicht können Sie mir ja helfen?«

Sofort entwickelt sich daraus ein Gespräch, indem Helge Bezug auf seine Marinezeit nimmt.

Nach Wartemusik beim Verbinden

»Mensch, das war ja eine tolle Musik! Da muss ich gleich noch mal anrufen! Nur schon der Musik wegen. Wissen Sie, wie der Song heißt? Da müssen Sie sich selbst auch mal anrufen!«

Das geht auch umgekehrt, indem ich den rustikalen Ton der Siemens-Telefonanlage der 1990er- und 2000er-Jahre betone: »Bei der Wartemusik fühlt man sich gleich wieder jung!«, scherzhaft lachend.

Neulich freute sich eine Kundin am Telefon, da sie erst kürzlich eine neue Telefonanlage bekommen hatten und noch niemand die gute Musik in der Warteschleife lobte.

Wenn es dauert, bis jemand abnimmt

»Ah, jetzt habe ich mir an dem Schluck Tee glatt die Zunge verbrannt. Wollte eigentlich schon auflegen und habe an der viel zu heißen Tasse genippt! Vielleicht sollte ich auf Eistee umsteigen bei diesem Wetter!«

Es lässt sich im Anschluss vortrefflich über Tee sprechen, genauso wie über das Wetter. Meist entschuldigt sich unser Gesprächspartner, dass er so lange gebraucht hat, um an den Apparat zu kommen.

All diese Gesprächseröffnungen haben gemein, dass sie den konventionellen, erwarteten Eröffnungen nicht entsprechen. Sie sind persönlich und haben eine menschliche Komponente, um sofort das Eis zu brechen.

Bleibe authentisch

Egal, wofür Du Dich entscheidest – bleibe Dir selbst treu und sei, wie Du bist. Entscheide, wie Du im ersten Moment wahrgenommen werden möchtest, und lege ein wenig deine Professionalität ab. Habe Spaß! Es ist großartig, Menschen zu treffen und neue Bekanntschaften zu knüpfen. Bleibe so, wie Du wirklich bist. Nicht als Verkäufer, sondern als Mensch. Dann kann nichts schiefgehen.

8.4 Die Qualifizierung des Ansprechpartners

Eine weitere Aufgabe zu Beginn eines Gespräches ist es, unseren Ansprechpartner zu qualifizieren. Spreche ich mit dem gewünschten Gesprächspartner oder habe ich einen Kollegen am Telefon? »Spreche ich mit Herrn Sascha Oliver Kronberg« ist jedoch, wie bereits erwähnt, der Gesprächskiller schlechthin. Zur Qualifizierung gibt es bessere Methoden.

Ich möchte die gerade etablierte Beziehung nicht gleich torpedieren, sondern kombiniere daher meine menschliche Schwäche mit dem Nützlichen: »Ach, Moment, ich glaube, ich sitze heute auf meinen Ohren, ich habe Ihren Namen so schnell nicht mitbekommen. Ich spreche doch mit Karl-Gustav Müller, oder?« Manchmal schiebe ich »Immerhin weiß ich noch, wer ich bin!« hinterher, um dem Ganzen etwas Witziges zu geben. Eine weitere Möglichkeit: »Entschuldigung, wie schreibt man Ihren Namen? Ich habe so eine Tendenz, Namen falsch auszusprechen.« Das klappt natürlich nur bei kompliziert klingenden Namen.

Keinen guten Start mache ich, wenn ich lediglich nach der Abteilung frage und mir der Ansprechpartner scheinbar egal ist. »Spreche ich mit dem Einkauf?« signalisiert, dass es ein Gespräch zwischen Unternehmen wird, aber keines zwischen Menschen. Also mache Dir die Mühe und identifiziere den Ansprechpartner, den Du sprechen willst, mit Namen, bevor Du anrufst.

Manchmal findest Du auf LinkedIn mehrere Personen mit ähnlichen oder identischen Jobtiteln und weißt nicht, ob der Gesprächspartner am Telefon verantwortlich für die gewünschte Funktion ist. Auch hier kannst Du Deine Anfrage mit Deiner menschlichen Schwäche verpacken: »Herr Müller, ich bin heute etwas verwirrt, Sie sind doch verantwortlich für die Produktionsplanung, oder habe ich da einen Denkfehler?« Es macht nichts, eine Schwäche zuzugeben, sie verleiht uns eher Sympathie.

Sich vorstellen und eine Referenz bieten

Unsere Gesprächspartner wollen wissen, wer am Telefon ist und warum sie dieses Gespräch führen sollten. Ein schnelles »Hey! Ich bin's!« ist keine Lösung, denn unser Name und das Unternehmen sind erst einmal egal. Für die Angerufenen ist unerheblich, ob sie mit Peter oder Anna sprechen. Sollte das Unternehmen mir noch unbekannt sein, spielt dieses ebenso keine Rolle. Firma X ist mit Geschäft Y austauschbar.

Viel interessanter ist Deine Beziehung zu Deinem Gesprächspartner oder seinem Unternehmen. Wenn Du mit einem Bestandskunden redest, bildet die geschäftliche Kundenbeziehung diesen Kontext: »Hallo, hier spricht Robin Reiter, euer Lieferant für Kassenrollen!« In diesem Fall ist der Beisatz das entscheidende Detail. Wenn ich noch keine Beziehung zum Gegenüber habe, weil es sich um einen Cold Call in der Erstansprache handelt, kann ich über andere Ebenen eine Referenz und Relevanz herstellen. Dazu eignen sich gemeinsame Kunden, Lieferanten, Geschäftspartner oder Verbände.

> **Beispiel: Vorstellung mit Referenz**
>
> »Guten Morgen, Peter Müller aus Berlin hier. Wir sind Partner des deutschen Bäckereihandwerks und arbeiten Hand in Hand mit Backwarenherstellern und Großbäckereien in ganz Deutschland.«

In diesem Beispiel beziehen wir uns auf eine Branche und eine bestimmte Region. Es wäre wichtig, dass beide Faktoren auf unseren Gesprächspartner zutreffen. In diesem Falle eine Großbäckerei aus Deutschland.

> **Beispiel: Vorstellung mit Relevanz**
>
> »Hallo, Anna Schneider von XY aus Hamburg. Wir helfen Großbäckereien in Norddeutschland bei der Distribution der frischen Backwaren auf die Supermärkte in der Region.«

In diesem Beispiel wollen wir nicht nur eine Großbäckerei ansprechen, sondern gezielt einen Entscheider im Bereich Logistik und Distribution in Norddeutschland. Im Laufe des Gesprächs müssen wir vermitteln, worum es geht und wieso das Angebot für den Gesprächspartner interessant ist.

8.5 Small Talk und Impact Statement

Wenn Du Small Talk halten möchtest, um das Gespräch aufzulockern und eine Beziehung zu etablieren, dann ist der Beginn der beste Moment dafür.

Gemeinsamkeiten finden

Damit Small Talk funktioniert, solltest Du Dinge preisgeben, die nicht beruflicher Natur sind. Viel besser ist es, Gemeinsamkeiten zu finden.

Beispiel: Small Talk

»Sie haben es gut – da zu leben, wo andere Urlaub machen! Ich bin lieber am Meer als in den Bergen. Kann man es denn in den Ferien aushalten, wenn die Gegend voller Urlauber ist?«

oder

»Nachdem der HSV jetzt wieder in die Bundesliga aufsteigt, ist ja die Ehre Hamburgs gerettet. Als Berliner musste man lange sehr leidensfähig sein. Oder den Sport wechseln. Kennen Sie sicherlich, oder?«

oder

»Ich weiß nicht, wie es bei Ihnen ist, aber hier schüttet es wie aus Kübeln. Da mag man gar nicht das Haus verlassen. Prima für das Überstundenkonto! Oder schlecht, je nachdem, welches Haus es gerade ist!«

Wichtig ist, dass Du Dich für Deinen Gesprächspartner interessierst. Deshalb stelle ich im Small Talk Fragen und biete nebenbei eine Gelegenheit, mich besser kennenzulernen. Wertschätzung fängt im Kleinen an. Ich gehe auf das Gesagte meines Zielkunden ein und stelle weiterführende Fragen, um empathisch zu wirken. Wichtig ist, dass mein Gegenüber merkt, dass das Interesse echt ist.

Welchen Wert hat das Gespräch für unseren Zielkunden?
»What's in it for me?« (WIIFM) ist die Zauberformel, die Deine Gespräche prägen sollte. Hierbei geht es um den Wert für den Kunden und nicht um Dein Wohlbefinden. Das Gespräch sollte für den Kunden einen Mehrwert haben.

Je nach Art des Telefonats – Kaltakquise oder verabredetes Beratungsgespräch – kann ich den Gesprächseinstieg gezielt relevant gestalten. Beispielsweise kann ich diesen mit einer Beschreibung der Ist-Situation der Branche verknüpfen oder eine bekannte Herausforderung in den Mittelpunkt stellen, um den Wert des Austauschs darzustellen. Allzu oft jedoch wirken unsere Absichten nach der Vorstellung zu direkt oder durchschaubar – und genau das führt schnell zu einer Ablehnung seitens des Kunden.

In dem obigen Beispiel »Wir helfen Großbäckereien bei der Distribution der frischen Backwaren« ist der Grund meines Anrufs erahnbar: Bestimmt möchte ich mich als kompetenten Anbieter für die Distribution meines Gesprächspartners vorstellen. Das Problem hierbei: Meistens brauchen Kunden keinen weiteren Partner, denn sie haben schon eine Spedition und es läuft ja irgendwie. Überhaupt ist seine Komfortzone viel zu schön, um über neue Partner auch nur nachdenken zu müssen. Keine leichte Ausgangslage.

Beachte:

Sich einfach als kompetenten Partner vorzustellen, führt oftmals schon zu Beginn zum Misserfolg.

Der Grund, warum wir anrufen, muss also interessanter sein. *Wesentlich* interessanter. Er muss aus der Rolle der Erwartungen fallen. Du solltest einen Nutzen aufzeigen, nach Möglichkeit sogar ein Alleinstellungsmerkmal, wodurch Du Dich von den anderen Gesprächen abhebst. Man nennt es auch »Impact Statement«, da es gleich zu Beginn im Gespräch das Interesse wecken soll.

Beispiel: Impact Statement

»Wir haben ein Spezialverfahren entwickelt, das die Haltbarkeit der Backwaren während des Transports radikal auf den Kopf stellt. Welche Erfahrungen hat Ihr Unternehmen mit Klimakammern sammeln können?«

oder

»Wir helfen Brotherstellern dabei, die Mindesthaltbarkeit der Erzeugnisse im Supermarkt zu verlängern. Welche Auswirkungen hat das MHD auf das Kaufverhalten Ihrer Kunden?«

Die Argumente sollen nicht nur neugierig machen, sondern am Ende eine offene Frage beinhalten, die der Kunde in ganzen Sätzen beantworten sollte. Wichtig ist es, nicht sofort im Anschluss in eine Aufzählung der Produktfeatures und dessen Vorteile und Nutzen zu verfallen, sondern sich an dem möglichen Problem zu orientieren. Die offene Frage zum Schluss signalisiert, dass Du Dich mit den Herausforderungen der Branche auskennst und Du nicht nur Produkte verkaufst, sondern Lösungen mit Wert aufzeigst.

8.6 Körpersprache und Tonalität am Telefon

Körpersprache ist vielfältig: Armbewegungen und Mimik gehören dazu, genau wie Stimmlage, Höhe, Sprechgeschwindigkeit, Lautstärke sowie die Betonung mancher Wörter. Mit meiner Stimme ist ein kraftvolles Werkzeug, um Gefühle zu transportieren. Ich kann Schlüsselwörter betonen, um die richtigen Akzente zu setzen. Oder ich spreche wichtige Geheimnisse nur leise aus und verschaffe mir dadurch Gehör, dass man genauestens zuhören muss.

Du kennst den Unterschied: Ein Radiomoderator in der Nacht klingt ganz anders als jemand, der mit frischem Wind die Morgensendung moderiert. Gibt es Radiomoderatoren, die nicht gut gelaunt und munter an den Hebeln sitzen? Oder machen die mir etwa was vor? Ich habe mir oft vorgestellt, wie die Moderatoren hinter diesen Stimmen wohl aussehen, und bin das ein oder andere Mal enttäuscht, wenn ich sie google.

Du siehst: Auch am Telefon kannst Du eine starke Wirkung auf Dein Gegenüber entfalten. Die wichtigsten Tipps aus meiner Praxiserfahrung zu Körpersprache und Tonalität habe ich im Folgenden für Dich gesammelt.

Körperspannung

Körperspannung? Wozu das? Sollst Du jetzt alle Muskeln anspannen? Nein, nicht alle. Aber Du solltest nicht schlaff auf Deinem Stuhl sitzen, sondern energetisch sein und auch klingen!

Stell Dir vor, Du steigst von einem normalen Auto in einen Siebeneinhalbtonner und fährst für einen Umzug quer durch eine fremde Großstadt – enge Nebenstraßen, parkende Autos, Gegenverkehr. Und mittendrin: Fahrradfahrer, die lieber auf Vorfahrt als auf Sicherheit setzen. Mit welchem Gefühl steuerst Du den Lkw? Du passt auf. Du bist in Alarmbereitschaft! Du schaust nach allen Seiten und saugst jedes Detail in Dich auf. Was macht der Radfahrer, den Du soeben überholt hast? Wie verhält sich das entgegenkommende Auto? Du sitzt gerade und spannst den Oberkörper leicht an, um schnell reagieren zu können.

Genauso fokussiert solltest du am Telefon sein. Dein Geist und Intellekt achten auf die Worte, die Du sagst, und nehmen Nuancen Deines Gesprächspartners auf. Du verarbeitest die Informationen zwischen den Zeilen und reagierst entsprechend. Deine Stimme klingt dynamischer und ist energievoller, als wenn Du Dich auf Deinen Drehstuhl lümmelst.

Dress for Success

Klingt simpel – ist es auch. Wer auf sein Äußeres achtet, hat ein besseres Selbstwertgefühl. Die Macht eines guten Anzugs ist nicht zu unterschätzen, auch wenn Du allein in Deinem Büro sitzt. Du fühlst Dich sicherer, souveräner – und genau das hört man auch. Immer wenn ich wichtige Gespräche habe, ziehe ich mir zum Hemd ein Jackett an, manchmal auch – ganz oldschool – eine Krawatte. Nicht etwa für Videocalls, sondern ganz bewusst am Telefon, wo mich niemand sieht. Bei Videomeetings möchte ich selbstredend nicht den komischen Vogel abgeben, sondern passe mich meinen Gesprächspartnern an. Trotzdem bin ich lieber overdressed als zu leger.

Vor allem, wenn ich das Vorzimmer überwinden möchte, versuche ich, mich zu kleiden wie der Chef. Zumindest für mich. Ich bin genauso wichtig wie er und das sollte man hören. Indem ich mich in solcher Weise kleide, klinge ich durch mein gesteigertes Selbstwertgefühl auch so. Wenn Du das ein paar Mal ausprobierst, wirst Du den Effekt merken. Es ist kein Trick – es ist Haltung.

Ein fester Stand

Wer gerade steht, hat ein besseres Selbstwertgefühl. Mir hat es extrem geholfen, Schuhe mit einer harten Sohle zu tragen. Ich konnte beachtlich preußisch mit den Hacken knallen und wenn ich zur Teeküche und zum Kaffeeautomaten lief, waren meine Bewegungen ein wenig eckiger. Ich hatte automatisch einen geraden Rücken und hielt meine Schultern breit und waagerecht. Mein Oberkörper war wie festgefroren. Erstaunlicherweise fühlte ich mich sehr viel wichtiger, wie ein General, der seine Truppe abschreitet und sich mit einem Kaffee belohnt. Meine gerade Körperhaltung half mir, dieses Gefühl am Telefon zu vermitteln, speziell im Gespräch mit Geschäftsführern und hohen Tieren von großen Konzernen. Meine Gesprächspartner waren zwar wichtige Kapitäne in ihrem Unternehmen, aber ich war schließlich General!

Bewegung beim Telefonieren

Mag sein, dass das jetzt dem festen Stand widerspricht, aber es gibt den Spruch »motion creates emotion«, also »Bewegung erzeugt Emotionen«. Mich zu bewegen, hilft mir beim Denken. Es unterstützt mich dabei, mich zu konzentrieren, auf die kleinen Dinge zu achten und angemessen zu reagieren. Wenn ich mich beim Telefonieren bewege, klingt meine Stimme automatisch lebendiger, abwechslungsreicher – weniger monoton. Ich fühle mich dynamischer, wodurch ich besser rüberkomme. Mein ganzes Ich versinkt in dem Gespräch und ich achte kaum auf Dinge von außen. Jegliche Störung meiner Kollegen überhöre ich automatisch, da ich mich ganz auf meinen Gesprächspartner konzentriere. Sicherlich hilft es Dir auch. Stelle sicher, dass Dein Headset schnurlos ist und Du einen größeren Bewegungsspielraum an deinem Schreibtisch hast.

Von lachend lächelnd bis ausnehmend gut gelaunt

Der Funke muss überspringen! Ich bin im Gespräch ausnehmend gut gelaunt und strahle innerlich. Ich freue mich so sehr auf meinen Gesprächspartner, wie sich ein italienischer Familienvater auf seine Familie freut. Ich lächle und schmunzle. Versuche einmal, vor dem Spiegel zu lächeln, und Du wirst sehen, dass Deine Laune automatisch steigt – denn Emotionen sind keine Einbahnstraße. Wenn Du charmant und gut gelaunt bist, hört man es und es kann sich auf andere übertragen. Bist Du schlecht drauf, merkt man es ebenso und Dein Gegenüber fühlt sich weniger wohl in Deiner Gesellschaft, auch am Telefon.

Positiver Stress für lang anhaltenden Erfolg

Besseres Selbstbewusstsein durch positiven Stress hilft dabei, Deinen Energielevel konstant hochzuhalten. Starte nach einem gelungenen Telefonat am liebsten gleich mit dem nächsten Prospect, um die erstklassige Laune und das Erfolgserlebnis in den nachfolgenden Call zu übertragen. Halte Dich unter positivem Stress, um eine ganze Serie von hervorragenden Gesprächen souverän durchzuziehen.

Mit leerem Magen telefoniert es sich besser

Wer fühlt sich schon in Bestform mit einem vollen Bauch? Wie alle kennen das Mittagskoma, wenn es uns nach unten zieht! Ich versuche, alle kalten Telefonate am Vormittag zu erledigen und nachmittags die Folgeanrufe. Natürlich solltest Du auch nicht hungrig sein. Etwas Zucker hilft immer, um das Gehirn auf Trab zu halten – ein kleiner Energieschub darf sein. Zucker und Koffein können echte Wachmacher sein, wenn sie bewusst dosiert eingesetzt werden. Wer kennt nicht dieses leichte Hoch nach einem süßen Snack oder einem kräftigen Kaffee? In manchen Phasen – etwa bei langen Akquiseblöcken – kann so ein »Push« Wunder wirken. Wichtig ist nur, das Maß zu finden: Ein bisschen Antrieb tut gut, aber zu viel davon macht fahrig und unkonzentriert. Du brauchst Klarheit, keine Hektik.

Die Betonung macht den Unterschied

Ein Hoch auf die Höhen und Tiefen Deiner Worte und Sätze! Es gibt Kulturen, die mit weniger Betonung in ihrer Sprache auskommen. Du verstehst sicher, dass es wichtig ist, Deine Schlüsselworte, den Produktnutzen und jegliche Alleinstellungsmerkmale gebührend zu feiern und zu betonen. Das gilt auch für Problemstellungen und Herausforderungen. Je bildhafter Deine Sprache, desto mehr kannst Du Deinen Gesprächspartner fesseln und begeistern.

Lautstärke und Geschwindigkeit der Worte anpassen

Sprich nicht zu schnell und nicht zu langsam. Variiere Deine Sätze und Ausdrucksweise.

Keiner hört gerne jemanden schreien. Lauter sprechen heißt, klar zu artikulieren. Ich habe einen Hang dazu, Worte zu verschlucken, wenn ich schneller denke als rede. Dann hängen die Worte dem Kopf hinterher. Mir hat es geholfen, etwas langsamer zu sprechen, aber vor allen Dingen lauter. So lasse ich mehr Luft durch die Lungen und betone dadurch die Worte besser.

Besonders wichtige Aspekte – also die Geheimnisse, die nicht jeder hören soll – sage ich im Flüsterton. Wenn Du in einer Gruppendiskussion leise sprichst, erzeugst Du Aufmerksamkeit und alle anderen müssen sich stärker konzentrieren, um Dich zu verstehen. Das erzeugt gleichzeitig Wichtigkeit. In einem Gespräch betone ich gerne den offensichtlichen Nutzen für den Kunden und schiebe im Anschluss die weiteren positiven Auswirkungen leiser hinterher. Das könnte so klingen:

Beispiel:

»Mit unserer Maschine produzieren Sie nicht nur schneller, sondern auch billiger – und sparen sich zukünftig sogar die Wartung Ihrer in die Jahre gekommenen Maschine.«

Den hinteren Teil spreche ich leiser, um die Wirkung besser hervorzuheben.

8.7 Empathie mit Worten

Stelle Dir vor, Du bist auf einem Date mit jemandem, den Du schon mal getroffen hast, aber noch nicht richtig kennst. Der Abend ist vielversprechend – ein Glas Wein, angenehme Atmosphäre, leichte Musik im Hintergrund. Ein perfekter Moment für ein gutes Gespräch. Welche Grundregeln solltest Du nun beachten, damit sich Dein Gegenüber wohlfühlt?

Diese Grundregeln gelten nicht nur beim Date – sie gelten auch am Telefon. Menschen wollen sich gehört, verstanden und respektiert fühlen. Und genau das ist die Basis für Vertrauen – ob privat oder im Gespräch mit potenziellen Kunden.

Den Gesprächspartner auf sprachlicher Ebene spiegeln
Wir hören oft, dass wir unser Gegenüber spiegeln müssen. Also, mit Gesten konnte ich das immer gut verstehen: Er kratzt sich am Ohr – ich kratze mich am Ohr. Er sitzt mit einer offenen Haltung da, ich tue es auch. Aber wie ist das, wenn wir unser Gegenüber nicht sehen? Ich bin nicht ständig in Videokonferenzen, wo ich an den Gesichtsausdrücken erkennen kann, wer mir gegenüber positiv eingestellt ist.

Die Antwort lautet: Ich spiegle ihn auf der sprachlichen Ebene. Ich versuche, nicht nur meine Gesten dem anderen anzupassen, sondern ich drücke mich auch aus wie er. Redet mein Gegenüber von einem Deckungsbeitrag, dann nenne ich es nicht »Marge«, »Aufschlag«, »Spanne« oder »DB2«, sondern genau wie er. Die Wortwahl spiegelt den Intellekt wider, gleichermaßen wie die Körpersprache die Gefühle. Mit der Erkundung seiner sprachlichen Ebene bekomme ich einen Einblick in die Welt des Kunden.

Wenn wir die vier Persönlichkeitstypen inklusive der Mischformen und Schattierungen beachten, sollten wir nicht nur unser Sprachniveau unserem Gegenüber anpassen. Wir sollten auch ihren Denkmustern, intrinsischen Motivationen und Ängsten Beachtung schenken. Wie in Abschnitt 8.1 beschrieben, reden dominante Persönlichkeiten ungern um den heißen Brei herum, wohingegen der initiative Typ eine gute Unterhaltung zu schätzen weiß. Der Stetige sucht eine vorteilsversprechende, aber risikolose Partnerschaft auf Augenhöhe, der Gewissenhafte blüht beim Fachsimpeln auf. Je nach Typ solltest Du entweder detailliert und prägnant argumentieren oder die Highlights Deines Angebots schlüsselfertig und mundgerecht vortragen. Du erkennst bereits anhand des Small Talks und äußeren Auftretens, welchen Charakter Du vor Dir hast. Redest Du mit mehreren Menschen in einem Meeting, dann passe Dich dem Entscheider an. Dieser bestimmt über Dein Angebot. Sollte es unklar sein, wer im Gespräch die wichtigste Person ist, dann stelle die Frage in die Runde: »Wie viel Zeit haben wir für das heutige Meeting?« Alle werden den Entscheider anschauen und ihm den Vortritt bei der Beantwortung der Frage lassen.

Aktives Zuhören – auf geistiger Augenhöhe sein

Um mehr Empathie zu erzeugen, wiederhole ich bei einer langen Erklärung des Kunden einige seiner Schlüsselwörter. Wenn der Gesprächspartner zum Beispiel seine Produktionsanlagen erklärt und mir von der »alten Lady« berichtet, dann wiederhole ich »alte Lady«. Ich fasse Kernaussagen kurz zusammen: »alte Lady – hoher Wartungsaufwand«. Durch das Wiedergeben werden Gesprächsaussagen verdeutlicht und gewinnen weiter an Bedeutung. Erzählt der Kunde von seinem letzten Familienurlaub, gebe ich auch dazu Teile seiner Aussagen wieder, wie »altes Rom – viel Kultur – viel laufen!«. Ich schließe dann gleich mit einem Kommentar ab wie »Hoffentlich war genügend Zeit für ein Eis zwischendurch!« und führe seine Aussagen weiter.

Ich zeige, dass ich mit seinen Augen sehe, mit seinen Ohren höre und mit seinem Herzen fühle. Um Empathie zu erzeugen, lasse ich bewusst emotionale Dinge ins Gespräch einfließen, ohne die Ausführungen des Gesprächspartners entscheidend zu unterbrechen. Im Gegenteil, ich ermuntere ihn dazu, weiterzumachen und nun wie im Beispiel über die vielen Eissorten in Rom zu reden. Mit geschickten Kommentaren und Fragen halte ich ein Gespräch am Leben. Natürlich gehe ich auch anderweitig mit den Aussagen des Kunden mit, indem ich die passenden zustimmenden Geräusche mache. »Aha« oder »hmmm« ist jedem geläufig und es passiert automatisch.

Interesse zeigen und mit Fragen ein Gespräch führen

Zurück zum Date. Der Abend ist im vollen Gange und ihr seid bei dem zweiten Glas Rotwein. Die Frage, ob ihr zusammenpasst, wird mitunter dadurch bestimmt, wie wohl ihr euch miteinander fühlt.

Wann empfinden wir ein Gespräch als schön und unterhaltsam? Wenn wir von uns erzählen können und unser Gegenüber sich für uns interessiert. In einem Beratungsgespräch möchten wir also, dass der Kunde von sich erzählt, denn wenn wir viel wissen, können wir unser Angebot auf seinen Bedarf anpassen. Darüber hinaus schafft ein gutes Gespräch eine angenehme Atmosphäre und hilft dabei, eine Beziehung zu stärken, allein durch den Austausch vieler konkreter und kleiner Informationen.

In Deinem Beratungsgespräch ist es also wichtig, viele gute Fragen zu stellen, um Deinem Kunden zu signalisieren, dass Du Interesse an ihm und seiner Situation hast. Und außerdem benötigst Du die Informationen, um die Präsentation des Angebots auf seinen Bedarf zuzuschneiden.

9 Die Bedarfsanalyse

Abb. 18: Kapitelnavigation Kapitel 9

Wie Du als Sales Insider weißt, ist die Bedarfsanalyse essenziell für ein erfolgreiches Beratungsgespräch. Viele Verkäufer in der Kaltakquise schenken sich jedoch diesen wichtigen Schritt. Sie haben größtenteils nur ein Produkt im Angebot, rufen wahllos Unternehmen an und legen sich Gründe zurecht, warum es eine Bereicherung für den Kunden wäre. Ein großer Fehler!

9.1 Vom Status quo zur Problementdeckung

Die meisten verstehen unter der Bedarfsanalyse das Abklopfen relevanter Daten des Kunden, um einen Einblick in dessen Organisation zu erhalten. Es stehen Fragen im Vordergrund wie: Entscheidet jede Niederlassung für sich oder gibt es einen zentralen Einkauf? Wie viele Mitarbeiter hat das Unternehmen? Hat es einen Außendienst und wenn ja, wie viele Verkäufer springen dort herum? Wie sieht die IT-Infrastruktur aus? Die zentrale Absicht dahinter ist es, herauszufinden, was ich dem Kunden verkaufen kann. Der Discovery Call dient jedoch nicht dazu, Zielkunden zu kategorisieren. Die Analyse des Status quo hilft Dir vielmehr dabei, Probleme zu identifizieren, die Du mit Deinem Angebot lösen könntest (siehe auch Teil 1, Kapitel 6.1).

Der Übergang vom Gesprächseinstieg in die Erkundung der Ist-Situation ist mitunter nahtlos. Um mit der Bedarfsanalyse zu starten, stelle ich zu Beginn gerne eine Behauptung auf, lasse mir diese bestätigen und schließe dahinter bevorzugt mit einem Impact Statement an.

> **Beispiel: Impact Statement**
>
> »Herr Müller, viele Großbäckereien haben im Wettlauf mit dem MHD zu kämpfen, damit möglichst viel Verkaufs- und Verzehrzeit im Handel und beim Konsumenten übrig bleibt. Welchen Lösungsansatz verfolgen Sie für ein langes MHD?«

Der Kunde hat kaum Möglichkeit, meine Behauptung zu entkräften. »Viele Großbäckereien« heißt nicht alle. Wenn ich jedoch merke, dass es Zweifler gibt, die aus Prinzip »Nein« sagen, kann ich meine Behauptung als rhetorische Frage formulieren.

> **Beispiel: Rhetorische Frage als Einstieg**
>
> »Haben wir nicht alle mit dem Mindesthaltbarkeitsdatum zu kämpfen?«

In dieser Frage steckt gleich die Antwort. Der Kunde darf jetzt zwar gerne nicken, muss er aber nicht. Das Ganze geht natürlich auch mit einer Suggestivfrage:

> **Beispiel: Suggestivfrage zum Einstieg**
>
> »Je weiter weg das MHD, desto frischer wird ein Lebensmittel wahrgenommen. Ich kenne niemanden, der auf Frische keinen Wert legt, Sie etwa?«

9.1.1 Probleme in der Bedarfsanalyse erfragen

In einem Gespräch, in dem die Beziehung die erste Hürde genommen hat, ist es ratsam, die Handlung mit Fragen voranzubringen. Einerseits ist Dein Gesprächspartner besser in einen Dialog eingebunden und glaubt seinen eigenen Worten viel eher als denen eines Verkäufers. Natürlich willst Du möglichst viele wertvolle Informationen des Kunden erfahren und stellst daher dementsprechend viele offene Fragen. Gefährlich wird es, wenn dieser grundsätzlich eine ganz andere Meinung hat als wir.

> **Beispiel: Offene Fragen**
>
> »Wie viele traditionell gebackene Brote könnten Sie zusätzlich absetzen, wenn das Produkt zwei Tage länger haltbar wäre?«
>
> »Wie problematisch wäre es, wenn andere Bäckereien ein längeres MHD bei deren Biobroten ohne Enzyme hätten?«
>
> »Wie viel Umsatz könnte an die Konkurrenz verloren gehen, wenn diese eine längere Haltbarkeit vorzuweisen hätte?«

Wichtig bei offenen Fragen ist es, die Sachinformation, wenn nötig, zu paraphrasieren, also in eigenen Worten zusammenzufassen. Hierbei sollten die Kerninformationen wiedergegeben werden. Auf Füllwerk oder Informationen, die nicht zur Problembestimmung beitragen, kann gegebenenfalls verzichtet werden, solange es nur Randinformationen sind.

Geschlossene Fragen und Alternativfragen zur Bestätigung

> ### Beispiel: Geschlossene Fragen
>
> »Verstehe ich Sie richtig, bei längerer Haltbarkeit von zwei oder mehr Tagen schätzen Sie, den Umsatz um 6 Prozent steigern zu können?«
>
> »Ein verlängertes MHD wäre also sehr wichtig für Ihre Geschäftsentwicklung?«

Sinn ist es, dem Kunden das »Ja« zu entlocken und Zustimmung zu erhalten – zur Not auch mit einer Suggestivfrage:

> ### Beispiel: Suggestivfrage
>
> »Sie stimmen sicherlich den Marktanalysten zu, dass der Trend zu traditionell gebackenen Broten mit Bio-Siegel bei längerer Haltbarkeit essenziell für die Umsatzrendite ist, oder?«

Geschickter ist, eine Alternativfrage zur Auswahl an Optionen einzusetzen:

> ### Beispiel: Alternativfrage
>
> »Welche Prozesse für die Verlängerung des MHD priorisieren Sie? Schnellere Lieferketten für Rohstoffe und Distribution, Verwendung moderner Enzyme für verbesserte Haltbarkeit oder lieber beides?«

Alternativfragen geben Deinem Gesprächspartner nicht nur alternative Auswahlmöglichkeiten, sie sind auch viel kraftvoller, da sie Informationen sowohl ein- als auch ausschließen.

Im obigen Beispiel fokussieren wir uns auf die Antwortmöglichkeiten, die wir mit Sachargumenten be- oder entkräften können. Weitere Möglichkeiten, wie eine kürzere Backzeit oder größere Industrieöfen, schließen wir von Anfang an aus.

Je einfacher die Auswahlmöglichkeiten, desto schneller die Antworten des Gesprächspartners. Denke an die Sortimente in der Eisdiele: Je mehr Auswahl, desto komplizierter unsere Wahl. Keep it short and simple – dann ist die Wahrscheinlichkeit einer Zustimmung höher. Mehr Details in der Auswahl bedeuten hier gesteigerte Chancen für Ablehnung und Adaption.

Aufgabe: Erstelle Deinen Fragenkatalog, um Probleme zu erkunden
Erstelle jetzt eine Liste mit Fragen, um mögliche Probleme zu erkunden.

Lösungswertes Problem	Frage, um Problem zu erkunden

Tab. 14: Fragenkatalog, um Probleme zu erkunden

9.1.2 Probleme in der Bedarfsanalyse voraussetzen

Wir lassen uns teilweise schon beim Paraphrasieren der offenen Fragen die möglichen Probleme mit einem »Ja« quittieren. Haben wir jedoch noch keine starke Beziehung zu unserem Zielkunden, kann es wirksamer sein, weniger Fragen zu stellen und stattdessen die Problematik der Branche mittels Storytelling darzustellen. Diese können wir uns im Anschluss abnicken lassen.

Natürlich können wir im Gesprächseinstieg bei der Kaltakquise ganz stark auf Persönlichkeit setzen und versuchen, die Beziehung von Beginn an zu etablieren. Knifflige Fragen jedoch könnten unseren Vertrauensvorschuss torpedieren und das Gespräch scheitern lassen.

Storytelling im Verkaufsgespräch

Die fesselndsten Geschichten sind die, deren Spannungsbogen möglichst stark herausgearbeitet wurde. Wenn wir von einem Kunden erzählen, der wahrlich eine Metamorphose durchlebt hat, dann wirkt dies spannender, als wenn unser Protagonist nur einen kleinen Schritt nach vorne gemacht hat. Je weiter Start- und Endposition voneinander entfernt sind, desto packender die Story. Kommen Wechselwirkungen, Fehlschläge bei eigenen Versuchen oder Pilotphasen hinzu, die alle Erwartungen übertroffen haben, wirkt der Inhalt plastischer – wenn er denn glaubhaft ist. Wir erzählen keinen Roman, sondern berichten von echten Tatsachen. Wir schmücken diese nur ein wenig aus.

Merke:

Besser ist es, die Story in Häppchen aufzuteilen und sich zwischendurch ein kleines »Ja« abzuholen.

Hier sind ein paar Beispiele für Dich.

Beispiel: Storytelling

»Herr Müller, wir arbeiten ja mit einigen Großbäckereien zusammen. Einer unserer Kunden hatte das Problem, dass seine traditionellen Bio-Brote in den Regalen liegen blieben, wenn das MHD nur wenige Tage entfernt lag. Das geht ja der ganzen Branche so, das kennen Sie sicher, oder?«

»Unser Kunde verlor bei den Discountern bis zu 7 Prozent Marktanteil, lediglich dadurch, dass er gegen Brote mit hohem Enzymanteil nicht bestehen konnte. Sie kennen sicherlich die Studien zu diesem Thema?«

»Der Verlust der Marktanteile führte zum Unterschreiten des Deckungsbeitrages. Wissen wir nicht alle, wie schnell uns so etwas ins Schlingern geraten lassen kann?«

In den Beispielen verwende ich einige Elemente, die aufeinander aufbauen und jeweils mit einer kleinen Rückkopplungsfrage versehen sind. Suggestivfragen wie »Das kennen Sie sicher, oder?« sowie rhetorische Fragen wie »Wissen wir nicht alle, wie schnell uns so etwas in Schlingern geraten lassen kann?« fordern zu einem »Ja« unseres Gesprächspartners auf.

Emotionen bei der Problembestimmung

Durch Storytelling setzen wir Probleme nicht nur voraus, sondern bringen sie gezielt emotional ins Gespräch ein. Indem wir die Angst als starkes Kaufmotiv nutzen, machen wir die Dringlichkeit der Situation für den Kunden spürbar und schaffen so eine Basis für eine tiefere Bedarfsanalyse. So wird das vorausgesetzte Problem greifbar und lädt den Kunden ein, sich aktiv mit seiner eigenen Situation auseinanderzusetzen.

Wenn wir über den Status quo reden und versuchen, Probleme abzuleiten, ist das Kaufmotiv »Angst« sehr viel wirkungsvoller als die Gier (vgl. hierzu auch Kap. 5.2). Natürlich kann man auch die Gier ansprechen: Ich kann Zielkunden aufzeigen, wie viel Geld sie sparen oder welche Erträge sie erwirtschaften können. Wir alle kennen die Headlines wie »Mit 28 Jahren Bitcoin-Millionär« oder »Experte rät vom Kauf teurer Solarzellen ab«.

Beides funktioniert, aber die Angst klappt besser, da wir sie hinterfragen. Positive Verlockungen werden hingegen eher müde belächelt, denn die Komfortzone unseres Gesprächspartners kennt viele Argumente dafür, Geld zu sparen – und doch muss ich erst Geld ausgeben und viele Gespräche führen, um eine kleine Verbesserung zu verspüren.

9.2 Vom Problem zum Bedarf

9.2.1 Nicht beim Problem stehen bleiben

Wenn wir die Situation ergründet und mögliche Probleme abgeleitet haben, sollten wir im Anschluss nicht stehen bleiben. Viele machen den Fehler und werfen vorschnell mit Produktfeatures und Benefits um sich – zum Leidwesen des Gesprächspartners.

Wenn Du zu früh in den Präsentationsmodus übergehst, nimmst Du einen möglichen Nachteil in Kauf. Dein Gegenüber hat zwar hoffentlich erkannt, dass es ein ungelöstes Problem gibt, spürt jedoch nicht zwangsläufig die Dringlichkeit, sich jetzt darum zu kümmern. Speziell, wenn Du mit positiven Kaufmotiven und Emotionen argumentierst, kann es schwierig werden. Denn auf mögliche Einsparungen und Effizienzgewinne könnte Dein Kunde vorerst verzichten, da er andere Baustellen hat, die noch dringlicher sind. Er hat noch keinen konkreten Bedarf. Der Kunde zieht den Kopf aus der Schlinge und das war es für Dich. Unschön.

Wir müssen noch einen Schritt weitergehen und aus dem Problem einen echten Bedarf ableiten, um Handlungsdruck zu erzeugen.

9.2.2 Vom Problem zur Dringlichkeit

Zur Erinnerung: Bedürfnisse haben wir viele, aber nur die wenigsten sind es wert, sofort befriedigt zu werden. Unsere Kunden sind in ihrer Komfortzone und nur, weil Du gute Argumente hast, heißt es noch lange nicht, dass sie jetzt alles stehen und liegen lassen, um das Budget bereitzustellen.

Selbst wenn Du den ersten Schritt Deiner Bedarfsanalyse hervorragend gemeistert hast und Dein Gegenüber Dir zustimmt, solltest Du mit der Produktpräsentation warten. Es ist das eine, mögliche Probleme zu erkennen, aber was völlig anderes auch wirklich zu handeln. Gehe vorerst sicher, dass Dein Gesprächspartner den Ernst der Lage kennt. Er soll von sich aus darauf kommen.

Artikulation:

Wenn Kunden Probleme und deren Konsequenzen laut aussprechen, werden diese für sie zur Realität.

Wie ich dir erzählt habe, hatte mein Kumpel Thomas für seinen Nebenjob eine Software gesucht, um Angebote schneller und einfacher versenden zu können. Hätte man ihn gefragt, was er denn wolle, so wäre seine Antwort »mehr Zeit mit meiner Freundin« gewesen.

Konsequenzen aufzeigen
Manchmal kommen Kunden zu Dir, weil sie den Bedarf selbst entdeckt haben. Thomas war unzufrieden, weil er zu wenig Zeit für seine Freundin hatte. Er spürte den entsprechenden Handlungsdruck und musste von dem Nutzen einer Lösung nicht groß überzeugt werden.

Nur was, wenn der Prophet nicht zum Berg geht, sondern der Berg zum Propheten kommen muss? Wenn die Initiative von Dir ausgeht, musst Du den Kunden von seinem Bedarf überzeugen. Am besten überzeugst Du mich, wenn Du mir mögliche Konsequenzen aufzeigst, wenn ich das Problem nicht angehe. Denke an den Zahnarzt: Es tut momentan nicht weh, aber trotzdem sollte man Karies entfernen lassen. Warum sollte ich mich den Schmerzen eines Bohrers unterziehen, nur damit etwas in Ordnung kommt, was mich bis dato nicht gestört hat?

Gerade im geschäftlichen Bereich werden unsere Kunden mit Vorschlägen und Investitionsofferten bombardiert. Würden sie alle prüfen, um Verbesserungen auszuloten, bliebe die eigentliche Arbeit auf der Strecke. Es ist also klar, dass ein kleiner Mehrwert keinen Kunden vom Hocker reißt.

Hätte Thomas seine Freundin ignoriert, hätte sich die Beziehung weiter verschlechtert. Entweder hätte sein Business darunter gelitten oder sie hätte sich von ihm getrennt. Beides wäre schlecht für ihn gewesen.

Wie zeigst Du Deinen Kunden die Konsequenzen auf?
Wenn Du die Erlaubnis erhalten und eine Beziehung zum Kunden etabliert hast, dann ist es am besten, wenn Du Deinem Gegenüber die entsprechenden Fragen stellst. Ich skizziere ein Gespräch an dem Beispiel eines Herstellers für Autozubehör, der Stellen im eigenen Außendienst zu besetzen hat.

Beispiel: Variante 1

»Herr Müller, welche Auswirkungen hat der Fachkräftemangel auf die Größe der Verkaufsgebiete Ihrer Außendienstmitarbeiter?«
»In welchem Maße haben lange Fahrstrecken Einfluss auf die Frequenz der Kundenbesuche und den zu erzielenden Gesamtumsatz?«
»Wie wirken sich lange Fahr- und Arbeitszeiten auf die Motivation und das Privatleben Ihrer Mitarbeiter aus?«
»Wie wichtig ist die Motivation der Verkäuferkollegen, um nicht nur tief hängende Früchte zu ernten, sondern auch potenzielle Neukunden anzusprechen?«
»Wie wichtig sind Marktdurchdringung und Marktanteil für das Fortbestehen Ihres Unternehmens?«

Die oben aufgeführte erste Variante bedient sich negativen Konsequenzen und verknüpft den Fachkräftemangel mit dem Marktanteil und dem Fortbestand des Unternehmens. Schauen wir uns jetzt eine andere Variante an.

Beispiel: Variante 2

»Herr Müller, welche Vorteile haben kleinere Verkaufsgebiete für die Marktdurchdringung und Umsatzentwicklung Ihres Unternehmens?«
»Wir wissen alle, dass eine bessere Kundenbetreuung zu besseren Partnerbeziehungen führt. Welche Auswirkungen hat eine starke Kundenbindung auf den Umsatz?«
»Was versprechen Sie sich davon, wenn Ihre Verkäuferkollegen mehr Zeit haben, um noch nicht gelistete Kunden zu besuchen?«
»Wie würden Sie persönlich von den steigenden Umsätzen profitieren?«

Man kann also positiv wie negativ argumentieren. Positive Argumente können jedoch leichter ignoriert werden, da kein Handlungsdruck entsteht.

Ich belasse es nicht bei der ersten Frage, sondern leite weitere Konsequenzen ab. Dabei gebe ich die Richtung vor – der Kunde sollte sie jedoch nachvollziehen können. Wenn möglich lasse ich daraus eine Kettenreaktion entstehen, denn wie in der Natur sind alle Dinge miteinander verbunden. Einzelne Änderungen haben immer Konsequenzen auf andere Bereiche des Lebens. Gibt es keine Bienen mehr, gibt es auch keine Bestäubung der Blüten. Ohne Blüten keine Früchte. Du weißt, wohin das führt.

Merke:

Es reicht nicht, wenn der Kunde ein Problem erkennt. Du musst ihm dabei helfen, die Konsequenzen für sich zu verstehen.

Muss der Kunde die Worte laut aussprechen, damit sie Früchte tragen? Nein, nicht unbedingt. In vielen Kunden-Verkäufer-Beziehungen würde der Kunde die Karten nicht ehrlich auf den Tisch legen. Dazu reicht das Vertrauensverhältnis nicht aus. Aber es ist ausreichend, wenn sich der Kunde die Fragen in Gedanken stellt und für sich Antworten formuliert. Auch wenn es besser wäre, er spräche sie laut aus – denn was er ausspricht, wird zur Realität. Manchmal siehst Du den Kunden nicken oder hörst ihn aufstöhnen, ab und an ist es ein Grunzlaut der Bestätigung. Du weißt dann, dass Du auf der richtigen Spur bist.

9.2.3 Zahlen, Daten und Fakten, um Konsequenzen aufzuzeigen

In einem Cold Call hat man einerseits nicht die Zeit, den Kunden viele Fragen zu stellen, und es ist andererseits nicht immer zweckmäßig. Das Ziel der Kaltakquise ist nicht der sofortige Kauf, sondern meistens ein, zwei Meilensteine davor angesiedelt. Der nächste Schritt ist möglicherweise ein Meeting oder die Vereinbarung eines Beratungsgesprächs. Da es keine ausgeprägte Beziehung gibt, wird der Kunde von zu vielen Fragen eher verprellt.

Umso wichtiger sind Fallstudien, Zahlen, Daten und Fakten, Referenzen und Storytelling, um Behauptungen bezüglich der Wichtigkeit zu belegen. Es klingt vielleicht hart, aber Du musst Deinen Kunden emotional überfahren. Denn nur, wenn die Auswirkungen drastisch genug sind, kannst Du ihn zum Nachdenken bewegen.

Aus eigenen Versuchen, das Rauchen aufzugeben, kann ich Dir versichern, dass es immer wie eine tolle Idee klang, aber der Vorsatz nie lange hielt. Es gibt sehr gute Motive, das Rauchen aufzugeben: gesundheitliche, finanzielle und soziale Gründe. Aber selbst alle drei Motive waren nicht stark genug, um mich dazu zu bewegen.

> »Höre mit dem Rauchen auf, dann sparst Du viel Geld, mit dem Du in den Urlaub fahren kannst!«
> »Das kann ja kein schöner Urlaub sein, wenn ich da nicht mal rauchen darf!«

Wie ich es trotzdem geschafft habe? »Endlich Nichtraucher« von Alan Carr[7]. Gehirnwäsche, die funktioniert. In diesem Buch analysiert Carr die Gesamtkosten des persönlichen Tabakkonsums der kommenden Jahrzehnte und projiziert die Gesamtkosten auf die eine Zigarette, die uns während des Entwöhnungsprozesses erneut in Versuchung führt. Es kann also sein, dass uns die eine Zigarette Zehntausende Euro kostet. Stattdessen könnte ich eine halbjährige Weltreise mit dem Kreuzfahrtschiff unternehmen oder mir zwei Autos kaufen. Die Fakten meines Zigarettenkonsums vor Augen geführt – in Kombination mit allen Gesundheitsfaktoren – halfen mir dabei, es endlich sein zu lassen.

Zurück zu dem Autozubehörvertrieb mit seinem Außendienst. Ein guter Kunde von mir verlor über die Weihnachtsfeiertage einige Verkäuferkollegen. Infolgedessen wurden ganze Gebiete nicht mehr aktiv bearbeitet oder mussten von den verbliebenen Kollegen besucht werden. Die zeitliche Belastung ging für manche Familienväter an deren Grenze des Machbaren. Mein Kunde musste aufpassen, keinen weiteren Außendienstler zu verlieren, und senkte das Anforderungsprofil für neue Verkäufer. Ich riet ihm davon ab, da ich glaubte, dass Branchenfremde es schwer haben würden und viel länger bräuchten, um sich zurechtzufinden. Dennoch wagten sie einen Versuch: Zum Jahresauftakt wurden einige neue Quereinsteiger eingearbeitet, die im Sommer schon wieder das Handtuch warfen.

Im ersten Kontakt hast Du zwar noch nicht das Recht, Dinge zu hinterfragen, musst sie aber deutlich rüberbringen und am besten mit Fakten verdeutlichen und belegen können.

> **Beispiel: Konsequenzen mit Kaufmotiv »Angst«**
>
> »Herr Müller, Hersteller von Autozubehör mit eigenem Außendienst haben nicht nur mit der Kaufbereitschaft des Handels zu kämpfen, sondern auch mit der Motivation und Fluktuation der eigenen Mitarbeiter.«
> »Längere Reisezeiten und eine größere Entfernung bei der kommissarischen Betreuung eines nicht besetzten Verkaufsgebiets führen zu einer schlechteren Kundenbindung und haben einen direkten Einfluss auf die Umsatzergebnisse.«
> »Welche Auswirkung hat der Fachkräftemangel auf Ihren Absatz und Marktanteil?«

Neben dem Kaufmotiv »Angst« gibt es die positive Variante, das Streben nach Wachstum. Schauen wir uns nun diese zweite Variante an:

> **Beispiel: Konsequenzen mit Kaufmotiv »Gier«**
>
> »Herr Müller, motivierte Kollegen im Außendienst sind der Schlüssel für eine gute Kundenbindung und stabile Umsätze. Wahrscheinlich könnten noch mehr Kunden besucht werden, wenn die Entfernungen und Reisezeiten der Kollegen verringert werden würden.«
> »Wie würde sich eine bessere Marktdurchdringung auf Ihren Umsatz auswirken?«

Beide Varianten funktionieren. Entweder stellst Du die Verlustangst oder die Gier nach mehr in den Vordergrund.

In dem Film »Wolf of Wall Street« verkauft Jordan Belfort[8] anfänglich Pennystocks an Kleinverdiener, indem er diesen suggeriert, dass sie einen riesigen Gewinn machen würden. Dabei setzt er geschickt Körpersprache und Tonalität seiner Stimme ein, um die Sachinformation entsprechend auszuschmücken.

Auch bei Investitionen spielen Broker mit der Angst, etwas zu verpassen. Ich habe eine einzelne Apple-Aktie noch vor der Einführung des iPhones für 60 US-Dollar gekauft. Diese Aktie wurde inzwischen mehrfach geteilt und hat heute einen Wert von über 2.000 US-Dollar. Ich könnte mich in den Arsch beißen, dass es nicht 1.000 Aktien waren!

Aufgabe: Konsequenzen der Probleme, die Du lösen kannst

Erstelle jetzt eine Liste mit den möglichen Konsequenzen der Probleme, die Dein Angebot lösen kann.

Problem	Konsequenz aus Problem	Konsequenz der Konsequenz

Tab. 15: Sammlung Konsequenzen

10 Die Präsentation Deines Angebots

Abb. 19: Kapitelnavigation Kapitel 10

»Sascha, darf ich jetzt endlich über mein Produkt und Angebot reden?«
Fast. Vorher musst Du dem Kunden noch die Vision aufzeigen. Denn bisher haben wir über die jetzige Situation gesprochen und mögliche Probleme identifiziert, die einige Konsequenzen nach sich ziehen können.

10.1 Die Vision des neuen Soll-Zustands

Dein Kunde muss sich den Zustand nach dem Kauf vorstellen können. Wenn Du Dir einen neuen Anzug kaufst, stellst Du Dir vor, wie Du bei Deinem nächsten Geschäftstermin ordentlich Eindruck schindest. Jeder wird Dich als erfolgreicher Geschäftspartner wahrnehmen und Dir vertrauen. Du kannst es vor Deinem inneren Auge sehen.

Genau dieses Gefühl musst Du im Gespräch transportieren! In der Welt der Wirtschaftskonferenzen kannst Du Dir das folgendermaßen vorstellen:

> **Beispiel: Status quo, Problem und Konsequenz**
>
> »Herr Schröder, alle Ihre Lieblingskunden und die, die Sie als solche gewinnen wollen, sitzen zwei Tage lang im Hotel Adlon in Berlin und diskutieren über das Problem XY, das ja eines Ihrer Kerngeschäftsfelder ist. Ihre Wettbewerber Cisco und Nokia sind ebenfalls da und versorgen Ihre Zielgruppe mit wichtigem Know-how. Die Auswirkungen auf Ihr Business könnten gar nicht schlimmer sein, wenn Ihre Wettbewerber und unsere Teilnehmer voneinander profitieren. [PAUSE] – Sie geben mir doch sicherlich recht, dass Sie ebenfalls dabei sein sollten, oder?«

Zusammengefasst und etwas gekürzt habe ich Herrn Schröder den Status quo gespiegelt, ein Problem aufgezeigt und die Konsequenzen für sein Business geschildert. Ich könnte es dabei belassen und ihm vermitteln, dass mit seiner Teilnahme der Schaden abgewendet wäre. Ende, aus, Micky Maus. Aber das greift zu kurz. Viel lieber möchte ich ihm eine veränderte Realität aufzeigen – eine Vision, die nicht auf Angst basiert, sondern auf positiven Emotionen.

10.1.1 Die Vision durch Storytelling vermitteln

Es kommt wieder auf die Beziehung zum Kunden an. Natürlich wäre es auch hier besser, wenn wir unserem Gegenüber gezielte Fragen stellen würden – denn damit lassen sich Denkprozesse zumindest in eine bestimmte Richtung lenken. So frei sind die Gedanken nämlich nicht immer.

Habe ich aber nicht die Zeit und die nötige Beziehung, um viele Fragen zu stellen, nutze ich Storytelling, um eine Vision zu vermitteln. Wichtig ist, dass ich bei die Motive Wachstum und Gewinn anspreche, um dem Lösen eines Problems den richtigen Mehrwert zu geben.

> **Beispiel: Vision vermitteln mit Storytelling 1**
>
> »Herr Schröder, stellen Sie sich vor, Sie könnten noch einen Ihrer besten Kunden mitbringen, der im Rahmen der Konferenz zusammen mit Ihnen eine Fallstudie vor allen Teilnehmern präsentiert. Er zeigt den Nutzen Ihrer Lösung auf und lobt gleichzeitig die Zusammenarbeit mit Ihnen. Was meinen Sie, wie viele heiße Noch-nicht-Kunden würden im Anschluss das Gespräch mit Ihnen suchen? Wie hoch wäre das Umsatzpotenzial für Ihre Pipeline?«

Boom! Nun habe ich ihm eine Vision gegeben. Was vorher eher schmerzlich war, wird jetzt zur Chance, etwas ganz Großes zu werden. »Seien Sie froh über das Problem, denn nur so können Sie profitieren.« Jetzt kann ich die Vision noch ein wenig ausbauen, bevor ich in eine detaillierte Produktpräsentation gehe.

> **Beispiel: Vision vermitteln mit Storytelling 2**
>
> »Auf der Abendveranstaltung direkt am Brandenburger Tor können Sie mit allen Konferenzteilnehmern zwanglos ins Gespräch kommen. Neben einem Flying Buffet gibt es selbstverständlich auch eine Vielzahl von alkoholischen und nichtalkoholischen Getränken, die zum Verweilen einladen. Wenn wir noch ein bisschen Glück mit dem Wetter haben, wird das ein erfolgreicher Abend. Für Sie und Ihre zukünftigen Kunden. Stellen Sie sich vor, wir würden Sie als Gastgeber des Abends präsentieren? Dieser Abend würde auch Ihren Bestandskunden vor Ort immer positiv im Gedächtnis bleiben.«

Was meinst Du, welche Bilder habe ich Herrn Schröder in den Kopf gesetzt? Ein Wechselbad der Empfindungen von dem negativen Gefühl, etwas zu verpassen und dadurch in eine Schieflage zu geraten, bis hin zur Vision, neue Kunden zu gewinnen und allen Teilnehmern positiv im Gedächtnis zu bleiben.

Fasse Deine Vision für das Storytelling zusammen:

Deine Vision im Storytelling kurz erklärt:

Tab. 16: Deine Vision im Storytelling

10.1.2 Die Vision durch Fragen visualisieren

Hast Du ein gutes Kundenverhältnis und die nötige Zeit für eine gute Beratung, kannst Du mit Fragen kontrolliert die Vision vermitteln:

Beispiel: Fragenkette, um den Wert zu visualisieren

1. »Herr Schröder, Inwieweit würden unsere Teilnehmer, also Ihre Zielkunden, von Ihrem Fachwissen profitieren?«
2. »Welchen Effekt hätte es, wenn Sie gemeinsam mit einem Ihrer Referenzkunden einen fünfundvierzigminütigen Vortrag über das Referenzprojekt halten?«
3. »Nicht nur Ihre Zielkunden würden von Ihrer Expertise profitieren, auch Sie profitieren von Einzelgesprächen im Anschluss. Wie hoch ist der Auftragswert eines durchschnittlichen Projekts?«
4. »Also, wenn Sie auch nur einen potenziellen Kunden treffen, der später mit Ihnen gemeinsam ein Projekt startet, dann wären die Kosten für eine aktive Teilnahme nahezu egal, oder?«
5. »Was würden Sie mit der ganzen Provision anstellen? Mich hoffentlich auf ein Bier einladen, nehme ich an? – Kleiner Scherz!«

Die Vision in Fragen zu verpacken, hat den entscheidenden Vorteil, dass unser Gegenüber sie im Dialog selbst laut ausspricht. Dabei kannst Du jeden Schritt kontrollieren und Argumente gegebenenfalls anpassen.

Erstelle Fragen, um Deinen Gesprächspartner Deine Vision aufzuzeigen:

Deine Fragen, um Deine Vision zu visualisieren:

Tab. 17: Dein Fragenkatalog für den Wert Deiner Vision

Fasse Deine Vision für das Storytelling zusammen.

10.2 Deine Lösung zur Erfüllung der Vision

Wir haben in Kapitel 5.4 über das Thema Lösung und Nutzen gesprochen. Das heißt, Dein Lösungsvorschlag des Problems muss einen Vorteil für den Kunden haben – einen Nutzen, der Deiner Vision, dem Soll-Zustand entspricht, und damit seinem zukünftigen Ist-Zustand.

Nun hängt es immer von der Phase des Kunden ab, welche Informationen er benötigt. Ruft ein Interessent bei Dir an und fragt nach Deiner Lösung, brauchst Du ihn von dem grundsätzlichen Nutzen Deines Produkts nicht mehr zu überzeugen. Befindest Du Dich in einem frühen Stadium der proaktiven Neukundenansprache, so solltest Du insbesondere den Nutzen aufzeigen und Vorteile gegenüber anderen Anbietern darlegen können. In erster Linie helfen Dir Alleinstellungsmerkmale, sogenannte Unique Selling Propositions (USPs), dabei, die Besonderheiten zu kommunizieren.

In dieser Phase kommst Du endlich zum Schuss: Du darfst reden und Dein Produkt vorstellen. Das heißt nicht, dass Du die Erlaubnis hast, einen zehnminütigen Dialog zu halten. Auch nicht fünf Minuten. Beschreibe stattdessen Dein Angebot so knapp wie möglich anhand weniger Produktmerkmale. Hole Dir zwischendurch immer wieder Zustimmung als Rückbestätigung ab – kleine Jas, die Dir zeigen, dass Du auf der richtigen Spur bist. Du brauchst die Jas für das große Ja am Ende Deines Sales Pitches.

Hier sind einige Beispiele für Dich:

> **Beispiel: Produktvorstellung**
>
> »Herr Schröder, wir bieten Ihnen die Möglichkeit, mit Ihrem Logo und Profil auf der Eventbroschüre und Website genannt zu werden und schon während der Vermarktung im Vorfeld zu profitieren.«
> »Ihr Vorteil ist, dass Sie bei allen Fachentscheidern Ihres Zielmarkts in einem Atemzug mit der Deutschen Telekom, SwissCom und Vodafone als Experte genannt werden.«
> »Profitieren Sie vom Imagegewinn in Ihrem Zielmarkt – auch bei denen, die es nicht zur Konferenz schaffen. Wie klingt das für Sie?«
> »Darüber hinaus bieten wir Ihnen an, gemeinsam mit einem Ihrer Referenzkunden eine Fallstudie über Ihre Zusammenarbeit zu präsentieren. Sie demonstrieren somit eindrucksvoll Ihre Kompetenz vor den Entscheidern Ihres Zielmarkts und nutzen diese in einzelnen Gesprächen mit Wunschkunden im Anschluss Ihres Vortrags.«
> »Stellen Sie sich vor, Sie müssen gar nicht mehr durchs Land reisen, alle Ihre Lieblingskunden sind nur eine Kaffeetasse entfernt! Weniger Zeit auf der Straße und nur ein Bruchteil der Reisekosten.«

Wie Du siehst, kann ich in wenigen Worten die einzelnen Details und Features meines Angebots beschreiben sowie die Vorteile und letztendlich den Nutzen argumentieren. Dabei habe ich immer das WIIFM-Mantra aus Teil 2, Abschnitt 8.5 vor Augen.

Je nach Fall kann ich entweder mit den Details der Eigenschaften beginnen, den Vorteil erklären und zum Schluss den Nutzen aufzeigen. Es geht auch andersherum: Ich fange mit dem Nutzen an und argumentiere rückwärts mit den Vorteilen und letztendlich mit der Aufzählung der Eigenschaften.

> **Beispiel: Eigenschaft-Vorteil-Nutzen**
>
> »Wir drucken Ihr Logo auf unsere Broschüre, dann werden Sie schon bei der Vermarktung bei Ihrem Zielpublikum genannt und profitieren von einem Imagegewinn.«

Bei der Variante E-V-N lege ich den Fokus auf die Eigenschaft und erkläre den Nutzen, bei der Variante N-V-E lege ich den Fokus auf den Nutzen. Solange Du alle drei Teile nennst, kann Dein Kunde Dein Angebot viel besser nachvollziehen.

Beispiel: Nutzen-Vorteil-Eigenschaft

»Ich biete Ihnen einen Imagegewinn, da ich Sie schon in der Vermarktungsphase als Experte bei Ihrem Zielpublikum nenne und Ihr Logo auf der Eventbroschüre präsentiere.«

Du kannst Dir zu all Deinen Produkteigenschaften die Vorteile und den Nutzen heraussuchen und Argumentationsketten bilden. Insbesondere USPs eignen sich hervorragend dafür, um aus der Masse herauszustechen.

Was sind die Eigenschaften, Vorteile und Nutzen Deines Angebots?
Bilde eine Sequenz aus Eigenschaften, Vorteilen und Nutzen, die Du in Deinen Gesprächen anwenden kannst. Das obige Beispiel habe ich als Vorlage mit eingefügt.

Eigenschaft	Vorteil	Nutzen
Unternehmenslogo auf der Eventbroschüre	Vermarktung im Vorfeld bei der Wunschzielgruppe	Imagegewinn

Tab. 18: Auflistung Eigenschaften, Vorteile und Nutzen

11 Der Mehrwert Deines Angebots

Abb. 20: Kapitelnavigation Kapitel 11

In diesem Abschnitt leiten wir das Ende und den Abschluss ein. Wie erwähnt ist das Ziel der nächste Schritt in unserem Verkaufsprozess. Mache nicht den Fehler, zu früh zu viel zu wollen.

11.1 Den nächsten Schritt verkaufen

Nur bei klaren Transaktionen – etwa beim klassischen Produktverkauf – ist der Vertragsabschluss das vorrangige Ziel des Gesprächs. Wer jedoch komplexe Lösungen verkauft, sollte nicht mit der Tür ins Haus fallen. Da niemand darauf wartet, Dein Angebot kaufen zu dürfen, solltest Du den Verkaufsprozess in kleinere Häppchen herunterbrechen und immer den nächsten Schritt anvisieren.

In einem Cold Call verkaufst Du allenfalls einen kostenlosen Termin mit einem Experten, der den Kunden ganz genau Vorteile und Nutzen aufzeigen kann. In diesem Beratungsgespräch verkaufst Du das Follow-up-Gespräch sowie weitere schriftliche Informationen oder womöglich ein erstes indikatives Angebot, im nächsten Schritt gegebenenfalls einen Produkttest oder den Proof of Concept. Erst am Ende steht der eigentliche Abschluss.

Bestätige den ROI Deines nächsten Schritts
Bezogen auf das Beispiel der Großbäckerei sähe das dann womöglich so aus:

> **Beispiel: Der ROI für den nächsten Schritt**
>
> »Herr Müller, was unser Unternehmen jetzt auf den Markt bringt, wird den Erfolg im Backprozess und in der Logistik der Großbäckereien auf den Kopf stellen. Es ist gewissermaßen so genial wie geschnittenes Brot – verzeihen Sie mir den Vergleich.«

> »In einem völlig unverbindlichen Beratungsgespräch erkläre ich Ihnen zusammen mit einem Produktingenieur, wie der Prozess funktioniert und wie Sie diesen für sich nutzen können.«
> »Wäre es denn zu Ihrem Nachteil, sich neue Ideen anzuhören? Letztendlich entscheiden Sie im Anschluss selbst, oder?«

Ich ziele in diesem Gespräch auf den nächsten Schritt ab: das nachfolgende Beratungsgespräch. Ich verkaufe kein Angebot und keine Testphase, sondern halte den CTA möglichst klein. Denn wenn ich an dieser Stelle mehr verlangen würde, als unsere Vertrauensebene hergibt, würde mein Vorschlag auf Vorbehalte stoßen.

Meine Argumentation ist schlüssig und für den Zielkunden risikofrei, ohne Druck auszulösen. Ich nutze gerne Fragen, die es den Kunden einfacher machen zuzustimmen. Dazu benutze ich Fragen, bei denen Kunden mit einem »Nein« ihre Zustimmung ausdrücken können. Fragen wie »wäre es denn zum Nachteil…« oder »spräche etwas dagegen…« bauen weniger Druck auf, als Antworten die ein »Ja« als Zustimmung benötigen. Ich nutze am Ende auch gerne eine Suggestivfrage, um die Chancen auf das »Ja« zum Schluss zu erhöhen. Wichtig: Du solltest nach der Frage schweigen und nicht für den Kunden antworten, auch wenn es zu einer längeren Pause kommt. Es ist entscheidend, dass Dein Kunde das »Ja« laut ausspricht. Dann wird es zur Realität und Du kannst das Gespräch zum Abschluss bringen.

11.2 Der Gesprächsabschluss

Wenn ich das »Ja« auf meine letzte Frage erhalte, habe ich die Erlaubnis, das Gespräch abzuschließen. Letztendlich müssen die Details des nächsten Schritts vereinbart werden:

> **Beispiel: Der nächste Schritt**
>
> »Herr Müller, lassen Sie uns in den Kalender schauen. Ich würde sagen, uns reichen dreißig Minuten, vielleicht auch weniger, je nachdem, wie viele Fragen am Schluss aufkommen. Würde es nächste Woche Dienstag am Vormittag um 10:45 Uhr oder Donnerstagnachmittag um 14:15 Uhr passen?«
> »Ich sende Ihnen eine Termineinladung und Sie bestätigen bitte die Einladung, damit es im System hinterlegt wird. Sagen Sie, wäre es nicht sinnvoll, Ihren Kollegen aus der Produktionsplanung mit einzuladen? Ich glaube, er würde von den Erkenntnissen ebenso profitieren?«

Bei der Vereinbarung eines Beratungsgesprächs ist es von Vorteil, andere Entscheider mit einzubinden. Somit haben wir die Chance, mehrere Entscheider in einem Gespräch positiv zu beeinflussen, und müssen keine Extrarunden drehen oder uns auf die Verkäuferskills unseres Gesprächspartners verlassen, wenn er die Highlights für seine Kollegen zusammenfasst.

Nach einem Beratungsgespräch – also dann, wenn ich mich dazu bereit erkläre, ein Angebot zu erstellen oder mich tiefer im Detail mit dem Kunden zu befassen – bespreche ich immer den nächsten Schritt.

> **Beispiel: Der Abschluss**
>
> »Herr Müller, danke für das heutige Gespräch. Wie besprochen setze ich mich ran und sende Ihnen bis heute Abend ein detailliertes Angebot. Ich melde mich noch mal gegen Ende der Woche, um es mit Ihnen durchzusprechen und eventuelle nächste Schritte abzustimmen. Währenddessen klären Sie, welcher Zeitrahmen für einen Feldversuch bei Ihnen infrage kommen könnte. Ist das so weit in Ordnung?«

Ergreife immer die Initiative
Bei einem Salesjob am Telefon gilt zu jeder Zeit die Regel: »Don't call us – we call you!« Wenn wir warten, bis unsere potenziellen Kunden sich bei uns zurückmelden, können wir lange sitzen und hoffen, meist vergeblich.

Früher hatte ich Kollegen, die es als anstößig oder unangebracht empfanden, unnötigen Druck aufzubauen. Im Grunde ist es auch nicht nett, aber nun mal notwendig. Mit ein wenig Charme und Verständnis des Kunden geht das aber auch auf eine freundliche Art.

Merke:

In einem guten Pitch hast Du die Kontrolle über Deinen Verkaufsprozess: Du bist Herrscher über die Zeit und bestimmst den Zeitpunkt der nächsten Interaktion. Je länger es bis dahin dauert, desto höher ist die Wahrscheinlichkeit, dass nichts daraus wird.

Natürlich kannst Du den Kunden eine freie Wahl für den Folgetermin lassen, aber den Zeitrahmen bestimmst Du. Wenn Du Kundentermine buchst, damit Du oder Dein Kollege im nächsten Schritt eine Produktdemo oder Verkaufsgespräch führen dürft, sind schnelle Termine zu bevorzugen. Alles, was länger als zwei Wochen in der Zukunft liegt, verliert seine Relevanz und damit die Wichtigkeit für den Kunden. Erarbeitetes Vertrauen schwindet und Termine werden schon mal abgesagt. Ergreife also immer die Initiative und übergib sie nicht leichtfertig.

Solltest Du Verknappung und glaubhafte Dringlichkeit eingesetzt haben, dann ist es einfacher, den Kunden darauf hinzuweisen: »Herr Müller, das ist okay, melden Sie sich gerne, sobald Sie mehr wissen. Ich melde mich bei Ihnen, spätestens, wenn unsere Aktion ausläuft. Dann wissen beide Parteien, woran sie sind, ist das in Ordnung?« Du hast dann nachfolgend die Option, Dein Angebot zurückzuziehen und zu einem späteren Zeitpunkt den Kaufprozess neu zu starten.

12 Mit Vorwänden und Einwänden richtig umgehen

Abb. 21: Kapitelnavigation Kapitel 12

12.1 Vorwänden begegnen

Speziell im Cold Call kommt es vor, dass Verkäufer schnell zurückgewiesen werden. Die Zurückweisung beruht alleine auf der Tatsache, dass der Gesprächspartner unseren Anruf als nicht wichtig genug ansieht, um sich Zeit für uns zu nehmen.

Relevanz, Beziehungsbereitschaft und Zeit passen nicht zusammen. Darüber hinaus hast Du Dich nicht genügend von den anderen unangekündigten Anrufern differenziert, die ebenfalls eine Reihe von Produkten anbieten. Der erste Eindruck passte dann nicht. Das muss nicht ausschließlich Deine Schuld sein. Letztendlich können wir die Umstände nicht vorausahnen, die unseren Gesprächspartner plagen. Zu spät aufgestanden, noch müde vom Fußballspiel des Vorabends, schlecht gelaunt, noch kein Kaffee ... Es gibt genügend Gründe dafür, Dich abblitzen zu lassen.

Vorwände sind keine Einwände. Sie beruhen auf keiner Grundlage und sind vorgeschoben. »Danke, wir haben keinen Bedarf, was immer Sie uns anbieten wollen« oder »Ich habe gar keine Zeit für so was« sind typische Beispiele von Ablehnung, die auf keinerlei Grundlage beruhen.

Vorwände von echten Einwänden unterscheiden
Vorwände tauchen häufig zu Beginn eines Gesprächs auf, kaum dass Du Dich vorgestellt oder die ersten zwei Sätze beendet hast. Vorwände sind meist absolut, das heißt, Dein Gegenüber gibt Dir keinen Raum, Kompromisse einzugehen.

Hier kannst Du sehen, wie sich ein Vorwand von einem echten Einwand unterscheidet – am Beispiel der häufigen Kategorie »Keine Zeit«:
1. »Danke für Ihren Anruf, ich habe gar keine Zeit für so was.«
2. »Danke für Ihren Anruf, ich muss jetzt leider in ein Strategie-Meeting.«

Während das erste Beispiel keinerlei Gründe vorgibt, wird im zweiten Exempel das Strategie-Meeting benannt. Ein Meeting, wie wichtig es auch sei, ist nicht endlos. Es eröffnet uns die Möglichkeit, nach einem geeigneteren Augenblick zu fragen oder eine andere Zeit vorzuschlagen. Im Übrigen ist die Frage nach einem besseren Zeitpunkt immer mit Risiken verbunden: »Passt es gerade?«, gibt jederzeit Raum für ein schnelles »Nein«. Das Gleiche gilt für »Würde es heute gegen 16 Uhr besser passen?« oder »Passt es heute Nachmittag um 16 Uhr?«. Geschlossene Fragen zu Beginn sind schnell beantwortet, entsprechend mögen wir diese Antworten nicht immer.

»Wann würde es bei Ihnen passen?« – offene Fragen geben zwar mehr Antwortmöglichkeiten vor und sind nicht absolut, jedoch muss unser Gesprächspartner nachdenken. Wenn weder Relevanz noch Beziehung greifen, kann der Kunde es unter Zeitstress einfacher finden, komplett abzulehnen.

Da es sich bei dem Meeting-Beispiel um einen echten Zeiteinwand handelt, würde ich diesen mit Verständnis begegnen, eine andere Zeit vorschlagen und gleichzeitig den Druck herausnehmen: »Selbstverständlich, ich probiere es gerne später noch mal. 16 Uhr am Nachmittag oder besser gleich morgen zur selben Zeit?« Eine Alternativfrage ist ebenso rasch beantwortet wie eine geschlossene Frage, aber da ein Nein nicht zur Auswahl steht, kann der Kunde sich zügig entscheiden, ohne unter Zeitstress zu geraten.

Merke:

Unter Zeitstress ist es am besten, Alternativfragen zu stellen, da diese keine große Überlegungszeit zur Beantwortung brauchen. Eine geschlossene Frage hingegen kann schnell mit einem »Nein« beantwortet werden. Offene Fragen können in der Situation den Kunden überfordern.

Situationsbedingte Ablehnung

Ich bekomme viele Anrufe von Menschen, die mir etwas verkaufen wollen, und manchmal habe ich einfach keine Lust, freundlich zu bleiben. Da passiert es schon mal, dass ich über mein Ziel hinausschieße und etwas zu grob reagiere. Es ist die Störung, die ich ablehne – nicht der Mensch. Wichtig zu verstehen ist also, dass Dein Gesprächspartner nicht Dich als Mensch ablehnt, sondern die Störung an sich. Du bist vermutlich eine nette Person, aber manchmal passt einfach der Moment nicht.

Kommt von Deinem Gesprächspartner der Vorwand, keine Zeit oder keinen Bedarf zu haben, dann gibt es nur wenige Chancen, das Ruder herumzureißen. Du könntest versuchen, diesen Einwand kleinzureden: »Sie wissen doch noch gar nicht, was ich Ihnen anbieten möchte« oder »Sie können ganz viel Geld sparen!« Der Kunde kann aber keine Kehrtwendung machen, ohne zuzugeben, dass er schlichtweg keine Lust auf ein Gespräch hatte. Je mehr Du drückst, desto mehr drückt Dein Gegenüber zurück. Das

Ganze kann absurde Formen annehmen. Die Wahrscheinlichkeit, dass der Kunde auflegt, ist sehr hoch.

Wenn Du nicht gegenhalten darfst und eigentlich schon verloren hast, bleiben nur noch zwei Möglichkeiten: die Columbo-Methode oder die Flucht nach vorne.

12.1.1 Die Columbo-Methode

Vielleicht kennst Du die US-Fernsehsendung »Columbo«: Peter Falk spielte den schusselig-naiv wirkenden Inspektor mit zerknittertem Trenchcoat, der dem Täter das Gefühl vermittelt, auf seine Hilfe angewiesen zu sein, und seine Ausreden glaubt und bestätigt. Durch diese Taktik entspannt sich der Verdächtige, während Columbo sich zum Gehen abwendet und ihn scheinbar in Ruhe lässt. Im letzten Moment jedoch hat er noch eine letzte Frage, die den Verdächtigen aus dem Konzept bringt und schlussendlich überführt.

Wenn Dein Gesprächspartner also genervt mit einem Vorwand reagiert, solltest Du ihm als Erstes die negative Energie nehmen, indem Du ihn bestätigst. Hier ein typisches Beispiel.

Beispiel: Vorwand mit Columbo-Methode lösen

»Guten Morgen, Herr Müller, mein Name ist Sascha Kronberg von XX. Wir helfen vielen privat geführten Hotels in Süddeutschland bei der Sicherstellung von Nachwuchskräften.«

Kunde: »Wir haben keinen Bedarf.«

»Ich dachte mir fast schon, dass Sie gut versorgt sind, ansonsten hätten Sie sich sicherlich bei uns gemeldet. Dann will ich auch nicht lange stören.«

[COLUMBO-PAUSE]

»Damit Sie nicht von einem meiner Kollegen angerufen werden – darf ich fragen, ob Sie

- das Problem der Besetzung *offener Stellen schon gelöst* haben,
- es momentan *keine Prio* hat oder
- ich einfach nur *ungelegen* komme?«

Nachdem der Kunde seinen Vorwand genannt hat, gebe ich nach und mache den Anschein, seinen Willen nachzukommen und das Gespräch zu beenden. Er senkt im Gegenzug ein wenig seinen Schutzschild und entspannt sich. Ich möchte jedoch die Ursache für den fehlenden Bedarf erfragen und präsentiere ihm die Aussicht, auch in Zukunft nicht mehr von mir oder meinen Kollegen gestört zu werden. Nach dem Köder grenze ich die Antwortmöglichkeiten als Alternativfragen ein und decke seinen vorschnellen Vorwand als Bluff auf.

Kunde hat Problem gelöst und arbeitet mit Wettbewerber
Für den Fall, dass er mit einem Wettbewerber arbeitet, würde ich meinen stärksten USP nennen, um mich von der Konkurrenz abzugrenzen und versuchen, ihm meine Lösung dennoch zu zeigen.

Beispiel: Vorwand mit Columbo-Methode lösen

»Dann sind Sie ja bestens versorgt!«

»Herr Müller, nach Meinung unserer Kunden fehlt bei XYZ jedoch [SPEZIELLE EIGENSCHAFT]. Unsere Spezialität ist [USP] damit [SUPER BENEFIT].«

»Auch wenn ich weiß, dass Sie vorerst nicht wechseln werden – hätten Sie dennoch Interesse, es sich mal anzusehen, damit Sie wissen, welche Möglichkeiten es gibt?«

Ich bestätige dem Kunden erneut, dass er keinem Druck ausgesetzt wird, meine Lösung zu kaufen, um diese dennoch präsentieren zu können. Schlimmstenfalls sagt er »Nein«. Ich hätte dennoch nichts verloren – ich hatte ja auch noch nichts gewonnen.

Problem hat keine Priorität, da es keine offenen Stellen gibt
Sollte es jedoch sein, dass der Kunde keinen Druck bei der Besetzung offener Stellen verspürt, variiere ich meine Antwort dementsprechend.

Beispiel: Variation Vorwand mit Columbo-Methode lösen

»Dann darf ich Ihnen gratulieren und hoffe für Sie, dass es ewig so bleibt!«

»Sagen Sie, auch wenn ich weiß, dass Sie unsere Lösung nicht kaufen werden, haben Sie Interesse, sich es dennoch mal anzuschauen? Dann wären Sie für den Fall der Fälle vorbereitet!«

Auch hier gibt es keine Garantie, dass der Kunde »Ja« sagt, aber es ist eine weitere Chance.

Kunde hat »keine Lust« auf einen Cold Call

Sollte es jedoch sein, dass ich störe und mich ungeschickt verhalten habe, habe ich nun die Möglichkeit, es wiedergutzumachen. Ein wenig Selbstironie hilft manchmal, um die Situation aufzulockern.

Beispiel: Variation Vorwand mit Columbo-Methode lösen

»Ich habe das Talent, im falschen Moment hineinzuplatzen!«

»Sagen Sie, gibt es einen Moment, der besser passt? Ich nehme auch nicht viel Zeit in Anspruch und bin im Umgang pflegeleicht!«

Indem ich gut gelaunt reagiere, gebe ich dem Kunden die Chance, selbst zu erkennen, dass er überreagiert, und versuche im Anschluss, einen neuen Termin zu vereinbaren.

Formel für die Columbo-Methode im Überblick

Gesprächsverlauf	Erklärung
Verkäufer: Wir helfen vielen privat geführten Hotels in Süddeutschland bei der Sicherstellung von Nachwuchskräften.	Referenz (helfen Hotels wie Ihnen), Relevanz (in Süddeutschland) und Kundennutzen (Stellenbesetzung)
Kunde: Wir haben kein Bedarf	Unbegründeter Vorwand.
Verkäufer: Ich dachte mir fast schon, dass Sie gut versorgt sind, ansonsten hätten Sie sich sicherlich bei uns gemeldet. Dann will ich auch nicht lange stören.	Defensivtaktik, um Situation zu entspannen.
Verkäufer: Damit Sie nicht von einem meiner Kollegen angerufen werden – darf ich fragen, ob Sie das Problem der Besetzung offener Stellen schon gelöst haben, es momentan keine Prio hat oder ich einfach nur ungelegen komme?	Köder mit Alternativfrage, um Antwortmöglichkeiten einzugrenzen.
Kunde: Wir arbeiten schon mit XYZ	Der wahre Grund.
Verkäufer: Dann sind Sie ja bestens versorgt! Nach Meinung unserer Kunden fehlt bei XYZ [SPEZIELLE EIGENSCHAFT]. Unsere Spezialität [USP] bringt [SUPER BENEFIT]. Auch wenn ich weiß, dass Sie vorerst nicht wechseln werden, hätten Sie dennoch Interesse, es sich mal anzusehen, damit Sie wissen, welche Möglichkeiten es gibt?	Zweiter Anlauf, ohne Druck auszuüben. Im Vordergrund steht nicht der Verkauf unserer Lösung, sondern die Vereinbarung eines Termins (der nächste Schritt).

Tab. 19: Columbo-Methode zur Vorwandbehandlung

12.1.2 Die Flucht nach vorne

Anstelle nur dagegenzuhalten, ist es besser, ohne Umschweife weiterzumachen.

Beispiel: Flucht nach vorne beim Vorwand

- »Prima! Dann ist es Ihnen ja sicherlich recht, dass ich es kurz halte!«

oder

- »Klasse, ich komm dann gleich zum Punkt!«

Du kannst auch sagen:

- »Ich falle ungern mit der Tür ins Haus, aber für Sie mache ich gerne eine Ausnahme.«

Das Entscheidende ist: Du lässt Dich vom Vorwand nicht beirren und steuerst zielsicher weiter durch das Gespräch. Natürlich solltest Du jetzt nicht in Deinen Standard-Pitch verfallen und lang und ausführlich plaudern, sondern musst wirklich zum Punkt kommen.

Verpacke Kaufmotive und Emotionen in einer Killerfrage

Kunden sitzen in ihrer Komfortzone – und nur weil Du ein starkes Produkt hast, das ein mögliches Problem lösen kann, heißt es noch lange nicht, dass sie den Mehrwert darin erkennen. Der beste Weg, jemandem Tatsachen vor Augen zu führen, ist es, unbequeme Fragen zu stellen, die sonst keiner stellt. Auch wenn Du keine Antwort bekommst – mehr als schiefgehen kann es nicht. Du hast nichts zu verlieren. Probiere es mit einer Killerfrage direkt im Anschluss.

Die Killerfrage ist wie folgt in drei Schritten strukturiert:

1. Ein Statement zu einer allgemeingültigen Situation oder Problem (zum Beispiel Fachkräftemangel). Du kannst diese auch als rhetorische Frage formulieren: »Herr Müller, ist der Fachkräftemangel nicht desaströs für die Unternehmensentwicklung in Deutschland?«
2. Eine offene Frage nach den Maßnahmen, die der Kunde bereits ergriffen hat: »Wie stellen Sie den laufenden Betrieb sicher?«
3. Skizzierung der möglichen Auswirkungen unter Berücksichtigung des in Betracht kommenden Kaufmotivs des Kunden, also Angst oder Gier: »... damit es zu keinen Produktionsausfällen und somit zu Umsatzeinbrüchen kommt?«

Gesprächsverlauf	Erklärung
Verkäufer: Wir helfen vielen Maschinenherstellern in Süddeutschland bei der Sicherstellung von Nachwuchskräften.	Referenz (helfen Maschinenherstellern), Relevanz (in Süddeutschland) und Kundennutzen (Stellenbesetzung)
Kunde: Wir haben keinen Bedarf	Unbegründeter Vorwand.
Verkäufer: Klasse, ich komm dann gleich zum Punkt! Ist der Fachkräftemangel nicht desaströs für die Unternehmensentwicklung in Deutschland? Wie stellen Sie den laufenden Betrieb sicher, damit es zu keinen Produktionsausfällen und somit zu Umsatzeinbrüchen kommt?	Killerfrage mit Kaufmotiv Angst

Tab. 20: Killerfrage zur Vorwandbehandlung

Um die Killerfrage zu stellen, bedarf es genügend Mut. Aber mehr als auflegen kann der Kunde nicht. Manche lassen sich auf eine gute Frage ein, speziell, wenn Du die Relevanz aufzeigen und damit mögliche Auswirkungen vor Augen halten kannst.

Aufgabe: Deine Killerfrage nach einem Vorwand
Definiere drei mögliche Szenarien und Killerfragen, um auf zukünftige Vorwände zu reagieren. Um es einfacher zu machen, füge ich das obige Beispiel mit ein.

Szenario (Einleitung)	Offene Frage mit Kaufmotiv
»Ist der **Fachkräftemangel** nicht desaströs?« (Rhetorische Frage).	»Wie stellen Sie den laufenden Betrieb sicher, damit es zu keinen **Produktionsausfällen** und somit zu **Umsatzeinbrüchen** kommt?«
1.	
2.	
3.	

Tab. 21: Aufgabe: Deine Killerfrage

12.2 Kategorien von Einwänden

Vorwände sind nicht lösbar – aber auch Einwände können mitunter schwer oder gar nicht zu entkräften sein. Andere wiederum sind eher taktisch, um Dich auszubremsen – aber sie können Dich als Sales Insider nicht aufhalten.

Drei Kategorien von Einwänden

Einwand	Beschreibung	Wie behandeln?
Objektiv	Systemkritischer Einwand, der objektiv nur unter sehr hohem Aufwand lösbar ist. Steht dem zu erwartenden Nutzen in keinem angemessenen Verhältnis gegenüber.	Vermeidbar bei Vorabrecherche.
Taktisch	Verstecktes Kaufsignal, Dein Kunde muss grundsätzlich nicht mehr vom Nutzen überzeugt werden. Kunde benötigt ein besseres Preis-Leistungs-Verhältnis.	Stelle Produktvorteile und Mehrwert gegenüber Deinem Wettbewerber heraus oder gewähre Preisnachlässe.
Subjektiv	Der Kunde erkennt die Relevanz des zu lösenden Problems oder den Mehrwert Deiner Lösung im Vergleich zum Aufwand für sich nicht.	Zeige dem Kunden eine andere Perspektive auf, um den Stellenwert Deines Angebots zu erhöhen.

Tab. 22: Übersicht Kategorien von Einwänden

12.2.1 Objektive Einwände

Objektive Einwände sind echte, nachvollziehbare Bedenken, die auch einem Sachverständigen standhalten würden. Es gibt einen Unterschied dazwischen, ob ein Kunde kein Budget oder wirklich kein Geld hat – aber es muss nicht immer nur das Geld sein. Wenn Du IT-Anwendungen verkaufst, bedarf es größtenteils einer gewissen Infrastruktur. Wenn Du eine App für das iPhone geschrieben hast, nützt es nichts, wenn der Kunde ein Google-Betriebssystem hat. Manchmal müssen bestimmte Voraussetzungen erfüllt sein, damit Dein Gegenüber von Deiner Lösung profitieren kann.

Es gibt viele solcher objektiven Einwände. Um sie zu vermeiden, solltest Du vorab recherchieren und nicht versuchen, drei Wochen lang den Entscheider ans Telefon zu bekommen, nur um mit einem Einwand bedacht zu werden, den Du hättest kennen sollen. Mache also Deine Hausaufgaben, wenn sich bei Dir die unumstößlichen Umstände häufen.

Natürlich kannst Du bei objektiven Einwänden den Faktor Zeit einbeziehen und den Kunden fragen, ob er mit dem Gedanken spielt, in unbestimmter Zukunft sein System umzustellen. Du kannst die Dinge vermerken und Deinen Prospect zu einem späteren Zeitpunkt noch mal befragen.

12.2.2 Taktische Einwände

»Das habe ich beim Wettbewerber aber günstiger gesehen!« ist ein klassischer taktischer Einwand, um Dich auszubremsen. Dein Kunde steht Deinem Angebot nicht grundsätzlich ablehnend gegenüber, doch es ist ihm zu teuer. Das kann stimmen oder vorgeschoben sein, um ein paar Prozente aus Dir herauszukitzeln. Ein taktischer Vorwand ist ein verstecktes Kaufsignal: Es zeigt, dass der Kunde nicht weiter vom grundsätzlichen Nutzen überzeugt werden muss, vielmehr geht er in die Umsetzungsphase und vergleicht nun einzelne Vorteile und Eigenschaften.

Taktische Einwände haben fast immer einen Bezug zu einem Konkurrenzprodukt: »Beim Toyota ist die Sitzheizung in der Grundausstattung schon dabei, bei Ihnen ist sie nur gegen Aufpreis zu haben« oder »Beim Händler Y bekomme ich ihn 300 Euro billiger«.

Taktische Einwände sind grundsätzlich lösbar. Wichtig ist es, dass Du dem Kunden einen Nutzen aufzeigen kannst, der den Nachteil aufwiegt.

12.2.3 Subjektive Einwände

Die meisten Einwände sind subjektiv. In den Augen Deiner Kunden mag das angesprochene Problem oder die dazu passende Lösung den Aufwand nicht wert sein: »Ich schätze die vielen individuellen Anpassungsmöglichkeiten, jedoch ist Ihre Lösung für uns völlig überdimensioniert« oder »Das von Ihnen geschilderte Problem ist im Hause bekannt, jedoch für uns aktuell zu verkraften«. Manchmal gibt es auch Abkürzungen seitens des Angerufenen: »Wir haben keinen Bedarf!« Auch wenn der Grund nicht genannt wird, ist die Botschaft trotzdem laut und deutlich zu hören: Der Aufwand rechtfertigt nicht den zu erwartenden Nutzen. Je nach Gesprächsphase kann das der Zeitaufwand sein, sich mit einem Problem oder Deinem Vorschlag auseinanderzusetzen. Der Kunde zieht die Kosten Deines Angebots inklusive der Zeit für Schulung, Implementierung oder Management in Betracht. Wenn das Engagement, das betrieben werden muss, höher ist als der aktuelle Schmerz, fehlt der Handlungsdruck.

12.3 Einwänden begegnen

12.3.1 Grundlagen der Einwandbehandlung

Es ist einfach frustrierend, wenn Kunden mit dem Spruch kommen, sie hätten bereits günstigere Angebote gesehen. Ich habe schon von Verkäufern gehört, die »Das glaube ich Ihnen nicht!« in den Hörer brüllten. Aber Aggressionen helfen nicht, auch wenn sie sich ab und an gut anfühlen. Wir sollten uns also wie zivilisierte Menschen benehmen und gleich richtig reagieren.

Formel Einwandbehandlung im Überblick

1. Echtes Verständnis zeigen
2. Einwand mit einer offenen Frage hinterfragen
3. Eigentliche sachliche Behandlung des Einwands

Echtes Verständnis geht mit möglichst ungespielter Empathie einher. Auch wenn es Dich hart trifft, dass Dein sicher geglaubter Kunde Dir absagt: Betteln nützt nichts. Vielmehr möchtest Du im ersten Schritt den Kunden darin bestärken, Dir die echten Gründe für seinen Entschluss zu nennen. Nur wenn Einwände fundiert und im Detail bekannt sind, können Lösungen gefunden werden.

Ich gebe Kunden gerne das gute Gefühl, das Richtige zu sagen, indem ich sie zunächst bestätige: »Herr Müller, danke für die offenen Worte. Ich kann nachvollziehen, dass Sie unter den gegebenen Umständen bei Ihrem aktuellen Anbieter bleiben wollen.«

Der Kunde erwartet mein Verständnis nicht. Meist vermutet er einen Gegenschlag wie: »Aber wir sind billiger, besser, bieten mehr Leistung, wären für Sie da, wenn Ihr Stammlieferant ausfällt …« Was immer gerade als Argument passt. Auch wenn all diese Dinge stimmen würden – je mehr ich in diesem Moment dagegenhalte, desto stärker wird der Kunde blocken. Kein noch so gutes Argument würde durchdringen – und ich würde darüber hinaus die aufgebaute Beziehung einreißen. Wer beim ersten Rückschlag wie eine beleidigte Leberwurst reagiert, ist kein verlässlicher Partner.

Ich fange also bildlich gesprochen die Energie des Gegenübers auf, anstelle sie abzublocken. Danach mache ich eine kurze Pause, um meine Worte wirken zu lassen. Ich ermögliche es dem Gesprächspartner, sich zu entspannen und seine Verteidigung herunterzufahren. Nur dann kann ich ihn erreichen und weiterhin ein echtes Gespräch führen, ohne dass die gewonnene Beziehung darunter leidet.

Nach der kurzen Gesprächspause möchte ich die Beweggründe des Kunden verstehen. Wo weicht mein Angebot von seinen Vorstellungen ab? In welchen Bereichen konnte ich mich nicht deutlich genug absetzen? Welche herausstechenden Merkmale verfehlten ihre Wirkung?

Beispiel: Einwand hinterfragen

»Herr Müller, momentan nutzen Sie zur Verbesserung und Einarbeitung neuer Verkäufer einen Anbieter, der auch für alle anderen Abteilungen und Funktionen im Unternehmen unterschiedliche Seminare anbietet. Wo sehen Sie die Unterschiede?«

Ich stelle bewusst eine offene Frage, die den Fokus auf den Kern des Einwands legt, ohne jemanden klein- oder schlechtzureden. Im obigen Fall nutzt der Kunde bereits ein Trainingsunternehmen und ich kann den Grund seines »Kein Bedarf« erraten: die bestehende Beziehung zu dem Wettbewerber. Vielleicht möchte er diese nicht hinterfragen, weil es einfacher für ihn ist. Vielleicht möchte er sich nicht eingestehen, dass er auf das falsche Pferd gesetzt hat, oder will nur ungern in Zukunft einen bestehenden Partner enttäuschen. Die Angst der Ablehnung funktioniert auch andersherum.

Da ich gezielt nach den Leistungsunterschieden gefragt habe, lasse ich die gute Beziehung des Kunden außen vor. Ich fasse die Frage dennoch weit genug, um nach Möglichkeit viele Informationen zu bekommen.

Bevor ich in eine sachliche Gegenargumentation einsteige, führe ich erneut eine kurze, gezielte Bedarfsanalyse durch. Dabei erkenne ich, ob mein Gesprächspartner meine Argumente verstanden und als wichtig empfunden hat. Im schlimmsten Fall lerne ich lediglich etwas über die Qualität meines eigenen Verkaufsgesprächs. Ich lege mir nochmals eine Liste der Merkmale an, die für den Kunden wichtig sind, und kann daraufhin meine Argumentation aufbauen, um den Einwand bestmöglich zu behandeln.

Die eigentliche Behandlung des Einwands erfolgt nach bekannter Methode: Ich zeige Konsequenzen des Nichthandelns auf, vergleiche sie mit der Vision bei der Problemlösung und schaffe zusätzlich einen Mehrwert. Nach Möglichkeit verringere ich das Risiko.

Das könnte dann so klingen:

Beispiel: Einwand behandeln

Verkäufer: »Herr Müller, Sie sagten mir doch, dass die neuen Verkäuferkollegen manchmal sehr lange brauchen, bis sie profitable Umsätze generieren. Und dass Sie befürchten, darunter könnte die Profitabilität Ihres Unternehmens leiden. So weit richtig, oder?«

Kunde: »Ja, schon richtig.«

Verkäufer: »Natürlich können Sie es so lassen, wie es ist, und riskieren, dass sich nichts ändert. Oder aber Sie investieren einmalig in jeden neuen Verkäufer, den Sie einstellen, und der Ihnen dafür vom Start weg zehn oder fünfzehn Prozent höhere Umsätze beschert. Und das dauerhaft. Ich kenne niemanden, der etwas gegen mehr Umsatz hat, Sie etwa?«

Kunde: »Natürlich nicht.«

Verkäufer: »Ich weiß, dass Sie Ihren altbekannten Schulungspartner bevorzugen, aber was halten Sie davon, die neuen Verkäufer des nächsten Monats einmalig schulen zu lassen?«

Kunde: »Was soll das bringen?«

Verkäufer: »Vergleichen Sie die Ergebnisse. Sehen Sie keine Veränderung zum Rest des Teams, haben Sie nichts verloren. Wenn der durchschnittliche Umsatz jedoch höher ist, haben Sie einmalig investiert, profitieren jedoch dauerhaft. Spricht etwas dagegen, es auszuprobieren?«

Kompromisse nicht um jeden Preis

Irgendwann kommt der Moment, in dem Dein Kunde sagt: »Ja, aber …« Manchmal benötigt es den einen letzten Impuls, den Push über die Ziellinie – sei es beim Preis, den Zahlungsbedingungen, einem Skonto oder dem Lieferzeitpunkt. Wir sind geneigt, dem nachzugeben, um den Deal endlich abzuschließen. Grundsätzlich spricht nichts dagegen, dem Kunden einen letzten Vorteil zu gewähren – aber bitte nicht einfach nur so. Besser ist es, etwas dafür als Gegenleistung zu bekommen, um bei weiteren Käufen keinen Wert zu verlieren.

Wenn ich also einen Preisnachlass geben muss, dann aber nur, wenn der Kunde schneller zahlt. Es können auch profanere Dinge sein: Er stellt sich als Referenzkunde zur Verfügung, gibt uns eine gute Bewertung auf Google oder nimmt an einer Umfrage teil. Letztendlich ist es zweitrangig, was genau Du als Gegenleistung einforderst, solange Dein Kunde nicht das Gefühl hat, Du gibst ihm einen Preisnachlass völlig grundlos.

In der Abschlussphase nennt man dieses Vorgehen »Conditional Closing«. Ich habe es früher sehr häufig am Telefon eingesetzt.

Beispiel: Conditional Closing

»Herr Schneider, wenn ich Ihnen zusammen mit dem Sponsorship-Paket einen kostenlosen Speakerslot für Sie selbst und Ihren Referenzkunden anbiete, bekomme ich dann die Unterschrift noch heute bis Ende des Tages von Ihnen?«

Egal, worum es geht: Bleibe begehrenswert. Nichts ist umsonst in diesem Leben.

12.3.2 Die »Feel, Felt, Found«-Methode

Diese Methode steht für Storytelling in der Einwandbehandlung. Hat der Kunde Zweifel, kannst Du natürlich darauf pochen, wie gut Deine Lösung zu dem Kunden passt und dass Du felsenfest glaubst, er würde davon profitieren. Doch dann steht Aussage gegen Aussage, und im Zweifel gewinnt Dein Kunde, der diesmal nicht Dein Kunde wird.

Es ist besser, sachliche Argumente in eine empathische Story zu verpacken, anstatt bloße Behauptungen aufzustellen. In dieser Story geht es nicht um Dich oder darum, wie lange Dein Unternehmen gebraucht hat, um das Produkt zu entwickeln, zu testen und es an den Marktgegebenheiten anzupassen. Es zählt auch nicht, dass Du nochmals den Benefit für den Kunden betonst oder dass es fast schon Verrat wäre, es nicht zu kaufen.

Im Mittelpunkt der Methode »Feel, Felt, Found« steht das Wort »fühlen« – in seiner Grundform (»feel«) sowie in der einfachen Vergangenheitsform (»felt«). Das Wort »found« ist jedoch nicht das englische Partizip Perfekt des Verbs »fühlen«, sondern die Vergangenheitsform des Worts »finden«, übersetzt »gefunden«. Klingt kompliziert, ist es aber nicht: Im Deutschen würde man es als »fühlen, gefühlt und gefunden« übersetzen. Jedes Wort steht für eine Phase des Storytellings. Im Rahmen dieser Story wird von einem zufriedenen Kunden berichtet.

FEEL = fühlen

> **Beispiel: »Feel, Felt, Found«-Methode – Fühlen**
>
> »Herr Müller, ich weiß, wie Sie sich fühlen! Es muss wahrlich schwierig sein, einen neuen Schulungsanbieter gegenüber einem bestehenden Partner vorzuziehen.«

Ich zeige in dieser Phase Verständnis für den Kunden. Ich fühle mit ihm! In diesem Beispiel verstehe ich, warum der Kunde nicht dazu bereit ist, einen neuen Schulungspartner auszuprobieren. Ich bringe das Problem auf dem Punkt. In anderen Fällen könnte es der Preis sein oder Unsicherheit bezüglich des Nutzens. Wichtig ist, dass ich die Energie herausnehme und der Kunde die Möglichkeit hat, seine Blockade herunterzufahren.

FELT = gefühlt

> **Beispiel: »Feel, Felt, Found«-Methode – Gefühlt**
>
> »Viele meiner besten Kunden dachten früher ganz genauso. Logistikunternehmen wie Sie selbst. Sie hatten ebenfalls einen Sales Coach, der schon seit Jahren die Vertriebsabteilung unterstützte. Dieser ging oftmals wöchentlich ein und aus und war fast schon ein fester Bestandteil des Sales Teams.«

In dieser Phase ziehe ich einen Vergleich und bringe meinen Gesprächspartner auf eine Stufe mit meinen besten Kunden, der die gleichen Vorbehalte hatte. Ziel ist es, dass mein Gegenüber sich mit ihm identifiziert und sich selbst darin erkennt. Ich öffne den Kunden für die Argumente in der Schlussphase.

FOUND (out) = herausgefunden

> **Beispiel: »Feel, Felt, Found«-Methode – Herausgefunden**
>
> »Was mein Kunde für sich entdeckte, war, dass er dringend neue Impulse für das Team brauchte, statt immer wieder die gleichen Tipps zu bekommen. Nachdem wir die ersten neuen Kollegen in unserem Sales Bootcamp eingearbeitet hatten, stieg die Sales Performance bis zu 25 Prozent innerhalb der ersten Wochen! Unsere Speditionen konnten endlich neue Kunden von sich überzeugen und ihren Umsatz dauerhaft ausbauen. Das Einzige, was meine Kunden bereuen, ist, dass sie nicht schon eher mit uns zusammengearbeitet haben.«

Ich schließe die Geschichte mit diesem Highlight. Dabei gehe ich auf den Nutzen für meinen Kunden und Gesprächspartner ein, von dem er profitieren könnte, wenn er dieser Argumentation folgen würde. Folgt mir mein Gegenüber nicht, biete ich ihm an, selbst mit meinem Kunden zu sprechen: »Gerne stelle ich eine Verbindung her, damit er Ihnen selbst davon erzählen kann.«

Aufgabe:
Bilde Beispiele nach der »Feel, Felt, Found«-Methode zu Deinen häufigsten Einwänden.

Einwand	Feel	Felt	Found

Tab. 23: Deine Einwandbehandlung nach der »Feel,Felt,Found«-Methode

12.3.3 Einwände isolieren

Es gibt diese Situationen, in denen Du ausführlich erzählst, wie wundervoll Dein Produkt oder Service die Probleme des Kunden lösen kann. Und das Einzige, was der Kunde die ganze Zeit im Kopf hat, ist: »Wie teuer ist es?«

Kennst Du das? Bei der Abgabe eines Angebots blättert Dein Kunde gleich auf die letzte Seite, um den Preis zu sehen, anstelle sich Seite für Seite bis zum Preis vorzuarbeiten. Alle machen das so, und das hat nichts mit Ungeduld zu tun. Vielmehr möchte man keine Zeit verschwenden. Wenn der Preis über dem Budget liegt, brauche man das Angebot erst gar nicht zu lesen, sondern kann es auch gleich ablehnen.

Der Nutzen rechtfertigt in diesem Fall nicht den (hohen) Preis. Es gibt auch Situationen, in denen es genau andersherum ist: Manchmal stimmt der Preis, aber das Produkt passt nicht.

Wie Du mit Preiseinwänden umgehen solltest

Eine Möglichkeit, die Schere zwischen Problemlösung und Aufwand zu reduzieren, wäre es, den Preis zu senken. Aber das ist keine gute Idee und meist nicht möglich – denn wer unter einem angemessenen Preis verkauft, verkauft bald gar nichts mehr. Außerdem gibt es immer jemanden, der noch günstiger ist als Du.

Es ist deutlich lohnender, den Mehrwert Deiner Lösung zu erhöhen, um die Kosten zu rechtfertigen. Um in der Lage zu sein, Deinen Wert anzupassen, solltest Du Dein gesamtes Pulver nicht schon am Ende Deiner Präsentation verschossen haben. Wenn Dein Kunde dann sagt, es ist zu teuer, wie willst Du nachträglich Deine Lösung für ihn wertvoller machen? Besser ist es, die Präsentation umzudrehen.

Ein Beispiel: Ein Immobilienmakler nimmt mich auf eine Tour mit möglichen Büroalternativen. Er kennt mein Budget und meine Preisvorstellungen. Wenn er mir nun ein Büro zeigt, das Platz bietet, gut geschnitten ist und an einem attraktiven Standort liegt, kann der zu hohe Preis die Freude schnell trüben. Ja, das Büro hat mir gefallen, aber ich war von dem hohen Preis überrascht. Unter der Prämisse hätte ich es mir gar nicht erst angesehen. Der schlaue Immobilienmakler isoliert deswegen den möglichen Einwand »Preis«, indem er diesen nennt, aber sofort wieder ausklammert.

Beispiel: Einwand Preis isolieren

»Sascha, ich möchte Dir unbedingt ein Objekt zeigen, von dem ich glaube, dass es Dich begeistern wird. Das Büro bietet alles, was Du Dir wünschst, und vielleicht ein bisschen mehr. Ich muss Dich gleich warnen, das Budget liegt über dem, was Du mir als Obergrenze genannt hast, circa 25 Prozent darüber. Ich möchte aber, dass Du den Preis erst mal außer Acht lässt – darum kümmern wir uns später. Wäre das okay für Dich?«

Was kann dieses Büro, was andere Objekte nicht können? Kann es fliegen oder Kaffee kochen? Ich bin gespannt und lasse den Makler gewähren.

Mir gefällt alles an diesem Büro: Die atemberaubende Aussicht, die Lage, das Ambiente und es hat eine Tiefgarage, die ich nutzen kann. Es bietet genügend Platz und hat einen Concierge, der für mich Alltagsdinge erledigt. Es ist um Längen besser als alle anderen Optionen – aber leider auch teurer. Der Makler betont, was alles inklusive ist: Internet, tägliche Büroreinigung, also keinen Aufwand für die Nachkontrolle, ob es wirklich sauber ist, ein Concierge, der mir Zeit spart, da ich nicht mehr selbst zur Reinigung muss. Ich kann also produktiver arbeiten und mehr Kunden betreuen. Gleichzeitig bemerke ich, dass ich kein Problem mit dem Budget habe. Ich habe viel eher die Schwierigkeit mit meiner ursprünglichen Wertvorstellung. Ich verstand, warum die Miete 500 Euro über meinem anfänglichen Budget liegen musste. Die Frage ist: Ist es mir das denn wert?

Der Schlüssel ist es, den Preis zu nennen, diesen aber dann an die Seite zu stellen. Im Laufe der Produktpräsentation musst Du nun dem Kunden so viel Mehrwert aufzuzeigen, sodass die Lücke zwischen Nutzen und Kosten schrumpft, bestenfalls komplett.

Voraussetzungen für ein gutes Gelingen

Ich fasse für Dich noch einmal die Voraussetzungen und die Reihenfolge zusammen, damit die Methode Dir hilft, mögliche Preiseinwände zu überwinden.

1. **Vertrauensvolle Beziehung zu Deinem Zielkunden**
   Es muss keine Beziehung sein, die über Jahre gewachsen ist, aber sie sollte sich auf einem Niveau bewegen, das es Dir ermöglicht, als Experte wahrgenommen zu werden.

2. **Vorangegangene Bedarfsanalyse**
   Du solltest das Problem Deines Kunden kennen, das zu dem Nutzen Deines Angebots passen sollte. Im obigen Beispiel suchte ich ein Büro in zentraler Lage. Ein Problem hierbei waren verlässliche Parkmöglichkeiten, doch ein Gebäude mit dazugehöriger Tiefgarage löste den zeitlichen Aufwand der täglichen Parkplatzsuche.
3. **Preissensibilität/Budgetrahmen**
   In manchen Fällen geben Deine Kunden einen Budgetrahmen vor, manchmal kannst Du diesen ableiten. Überschlage, welche Kosten das Problem heute verursacht, und lasse Dir diesen Rahmen bestätigen.

Beispiel: Kompensation der Mehrkosten

»Sascha, Du suchst täglich einen Parkplatz und benötigst im Schnitt zehn bis fünfzehn Minuten, um zu parken und ins Büro zu laufen. Das ist mehr als eine Stunde pro Woche. Unter Berücksichtigung Deines Stundenlohns zuzüglich Parkgebühren und Strafzettel kommen wir schnell auf circa 150 Euro pro Woche, also mehr als 500 Euro pro Monat. Kommt das in etwa hin?«

4. **Nenne den Preis in der Präsentation und warte auf die Reaktion**
   Manchmal kommt der Einwand direkt, hin und wieder sind es nur nonverbale Anzeichen, die Dir sagen, dass die Kosten jenseits der Vorstellungen liegen. Wenn Du den Budgetrahmen kennst oder ihn vorab ableiten konntest, gehe besser proaktiv vor. In jedem Fall bittest Du den Kunden darum, den Preis momentan außer Acht zu lassen. Signalisiere, dass Du dafür eine Lösung hast.
5. **Zeige den Mehrwert in Deiner Produktpräsentation**
   Du kennst die Probleme und den Wert Deiner Lösung. Argumentiere aus der Sicht des Kunden und setze den Mehrwert in Szene. Im obigen Beispiel lag die Miete 500 Euro über meiner Obergrenze. Die Nutzung der Tiefgarage im Haus im Vergleich zu dem Aufwand des täglichen Suchens reduzierte diesen Kosten-Mehraufwand. Zum Schluss sollte die Lücke deutlich geschrumpft sein.
6. **Argumentiere Preis/Mehrwert**
   Letztendlich rechne für den Kunden den Mehrwert aller Benefits aus, die sich von Standardangeboten unterscheiden. Stelle ihm eine Abschlussfrage, um in den Abschluss oder den nächsten Schritt zu kommen: »Sie geben mir sicherlich recht, dass die inkludierten Zusatzoptionen das Angebot sehr attraktiv machen, oder?«

Zweifel beseitigen und Kaufreue vermeiden

Wenn das Herz und der Verstand nicht im Einklang sind, wird es schwierig, etwas zu verkaufen. In der Praxis heißt das: Ich liebe das Auto, weiß aber, dass es Quatsch wäre, mir ein neues zu kaufen. Mein altes fährt ja noch und nur, weil es ein wahres Traumauto ist?

Der Unterschied zur Komfortzone ist hierbei, dass ich emotional dazu bereit bin, den Schritt zu gehen. Ich will etwas Neues wagen, etwas riskieren. Jedoch hält mich mein Verstand zurück, da er gegen mein Bauchgefühl argumentiert. Aus diesem Zustand heraus entsteht Kaufreue, wenn mein Bauchgefühl gegenüber dem Verstand die Oberhand gewinnt und sich bei der Kaufentscheidung durchsetzt.

Als guter Verkäufer weißt Du, dass Du beide Parteien in Einklang bekommen musst, um zu verkaufen. Hardselling hingegen führt zu Retouren und Stornierungen im Nachhinein. Versicherungsmakler können hiervon ein Lied singen.

Storytime: Never take NO for an answer

Meine Produzentin Beate wollte eines der führenden Beratungsunternehmen einladen und kostenlos referieren lassen. Einer der Partner hatte sich inhaltlich eingebracht und ihr dabei geholfen, die Agenda zur Konferenz zu entwickeln. Meine Aufgabe war es nun, den Geschäftsführer in Deutschland von einem Sponsoring zu überzeugen.

»Hallo, Herr Franke, mein Name ist Kronberg. Gut, dass ich Sie noch erreiche!«
»Wie war der Name? Kronberg?« Herr Franke zog die letzte Silbe in die Höhe und wirkte leicht gestresst.
»Ganz recht.« Mir war bewusst, dass sich die Deutschlandzentrale des Unternehmens in der Stadt Kronberg im Taunus befand. Dort war es sehr gediegen. Herr Franke war deswegen hörbar irritiert. »Sie haben sicherlich von Ihrem Kollegen gehört, dass er unsere Konferenz in München als Plattform für die proaktive Ansprache neuer Kunden nutzen möchte. Wir wollten Ihnen daher als Gegenleistung anbieten, als einer unserer Sponsoren aufzutreten.«
»Hören Sie, ich dachte, Sie wären meine Telefonkonferenz, deswegen bin ich überhaupt nur rangegangen. Ich habe gar keine Zeit!«

Mir war eins schnell klar: Würde ich jetzt nachgeben und später noch einmal anrufen, hätte ich schlechtere Chancen, mein Ziel zu erreichen. Blieb also nur noch die Flucht nach vorne. Deshalb machte ich unter Stress weiter. »Keine Sorge, ich mach's schnell. Was halten Sie vom Co-Sponsor-Paket? Logo und Ausstellungsstand für 18.500 Euro?«
»Nein, mit so was haben wir schlechte Erfahrungen gesammelt. Mit einem Stand, meine ich.«
»Das kann ich nachvollziehen, ist ja nicht so, als dass Sie Ihre Beratung dort ausstellen könnten. Wie wertvoll wäre es für Sie, schon durch die Vermarktung der Konferenz in aller Munde zu sein?«
»Ja, das wäre schon sehr schön.«

»Wie wäre es dann stattdessen mit der Abendveranstaltung? Wir gehen mit den Teilnehmern aufs Oktoberfest. Das fällt jedem mit dem wir im Vorfeld sprechen gleich ins Auge. Gleicher Preis, hohe Wirkung!«
»Nein, die Wies'n sind nichts für uns.«
Herr Franke hatte einen sehr ungeduldigen Ton in seiner Stimme. Ich wusste, viel Zeit blieb mir nicht.
»Ich verstehe, sie glänzen lieber mit Kompetenz als mit Biergläsern. Wie wäre es, wenn wir auf genau diese den Fokus legen?«
»Genau das! Kommen Sie zum Schluss!«, er war nun kurz vor dem Auflegen.
»Wenn Sie Menschen inhaltlich bewegen wollen, schlage ich einen halbtägigen Workshop am dritten Tag vor. Da nehmen Sie eine einzigartige Rolle ein, die besonders beworben wird. Ebenfalls 18.500 Euro für die gesamte Veranstaltung.«
»Okay, einen Workshop haben wir noch nie probiert. Das könnten wir versuchen. Aber ich muss jetzt wirklich auflegen.«
BINGO! »Alles klar, Herr Franke, dann nehme ich den Workshopsponsor für 18.500 Euro auf. Können Sie mich bitte zu Ihrer Assistentin durchstellen, dann regle ich mit ihr die Details.«
Es knackte in der Leitung und ich hatte seine Assistentin am Telefon.

Never take no for an answer!

Fazit Teil 3

Im dritten Teil haben wir uns mit den tatsächlichen Modulen der Verkaufsgespräche befasst – vom Gesprächseinstieg über die Bedarfsanalyse, der Produktpräsentation bis hin zum Abschluss. Neben der Körpersprache und Stimmlage spielen Empathie und Small Talk eine wichtige Rolle. Bei der Bedarfsanalyse kann es hilfreich sein, Referenzen zu ähnlichen Zielkunden zu bilden und Probleme entweder vorauszusetzen oder diese zu hinterfragen. Der Abschluss des Gesprächs für das Erreichen der Zwischenziele oder des Kaufabschlusses erfolgt automatisch, wenn der Kunde unseren Mehrwert zum Vergleich des Aufwandes anerkennt.

Zum Schluss haben wir unterschiedliche Methoden betrachtet, um Vor- und Einwände zu behandeln. Neben der Columbo-Methode für Vorwände können wir für echte Einwände auch die »Feel, Felt, Found«-Methode nutzen oder diese zu Anbeginn effektiv isolieren, um einen stärkeren Mehrwert aufzuzeigen.

Teil 4 – »Call Canvas«-Arbeitsbuch

13 Der Call Canvas

Abb. 22: Kapitelnavigation Kapitel 13

Was ist denn nun ein Call Canvas? So was wie ein Leitfaden? Nur bedingt. Ein Leitfaden ist ein Dokument, das ein Gespräch mit all seinen Argumenten und Floskeln Wort für Wort strukturiert. Der Nachteil eines starren Leitfadens zeigt sich schnell, wenn das Gegenüber uns Fragen stellt, die nicht zu Beginn berücksichtigt worden oder an falscher Stelle verortet sind.

Der Call Canvas hingegen ist eine Leitlinie, die keine Argumente oder Antworten vorgibt. Stell Dir eine leere Leinwand vor, die gefüllt werden muss. Wenn Du ein Landschaftsbild malen möchtest, brauchst Du einen Himmel und eine Lichtquelle – Sonne, Mond oder Sterne – damit das Bild nicht komplett schwarz ist. Dann entscheidest Du Dich für ein Hauptmotiv und dafür, ob es ein Aquarell werden soll oder ob du mit Öl malst. Die Maltechnik spielt natürlich auch eine entscheidende Rolle. Du siehst, ein Bild kann komplex sein, aber wenn ein paar Grundfragen geklärt sind, ist der Weg zum Kunstwerk geebnet!

So ähnlich ist der Call Canvas. Wir malen zwar kein Landschaftsbild, jedoch definieren wir die wichtigsten Elemente, die in ein Gespräch hineingehören. Die Fragetechnik, der persönliche Einstieg und die Vermittlung von glaubhafter Dringlichkeit entsprechen den Maltechniken. Jedes Gespräch hat einen Anfang, meist mit einer Begrüßung, und ein Ende mit einer Verabschiedung. In der Mitte kann ganz viel passieren und es muss nicht immer in einer bestimmten Reihenfolge vonstattengehen. Aber wenn wir Gespräche vergleichen, erkennen wir ein Muster und können verschiedene Phasen, Module oder Abschnitte identifizieren. Du kannst Gespräche also strukturieren und vorab planen. Auch für typische Einwände kannst Du einen Satz von Fragen kreieren, die es Deinem Zielkunden leichter machen, mit Dir in den ersten Schritt zu gehen.

In Teil 3, Kapitel 7 findest Du die Übersicht der Gesprächsabschnitte. Je nach Gesprächsart, ob Cold Call oder vereinbartes Gespräch, betonst Du einen Abschnitt mehr oder weniger.

Um es Dir einfacher zu machen, besuche www.telesalestraining.de/callcanvas und lade Dir die Vorlagen für Dein Call Canvas kostenlos herunter.

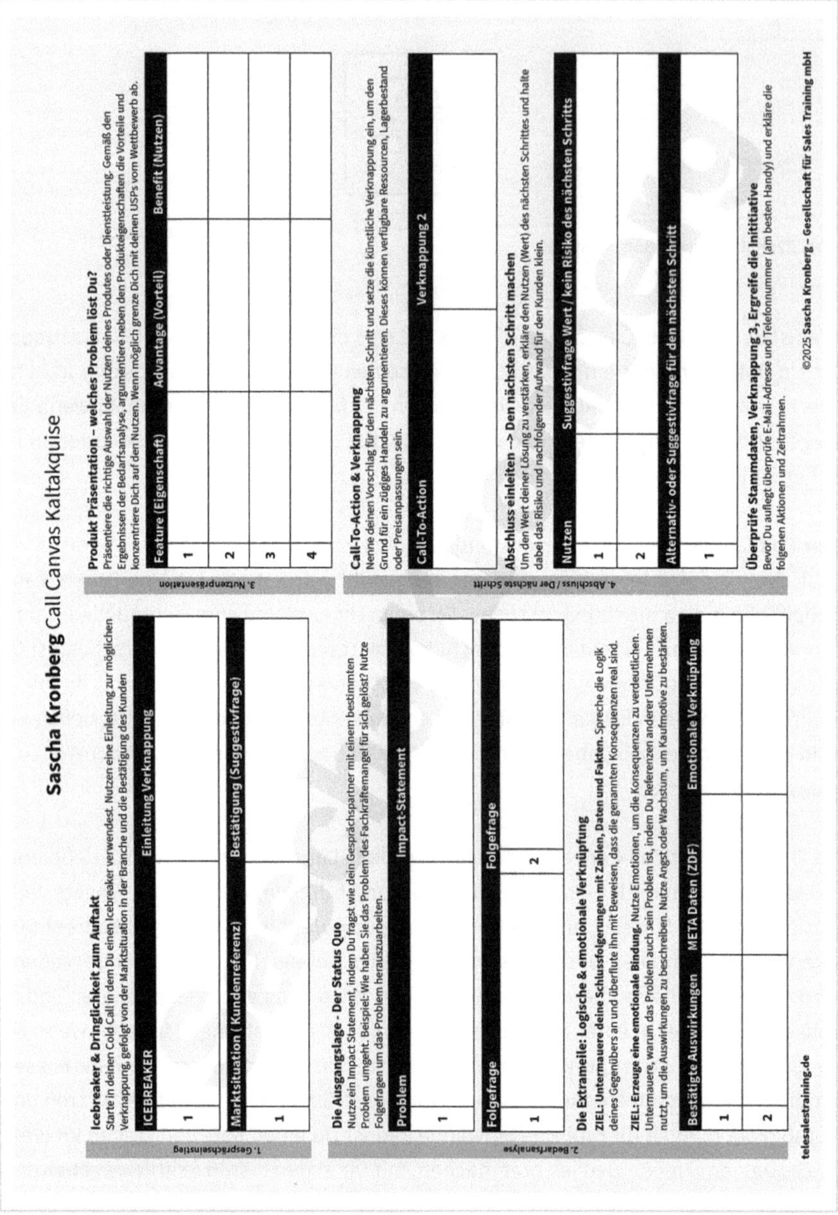

Abb. 23: Beispiel Call Canvas für Deine Kaltakquise

13.1 Call Canvas für Deine Kaltakquise

Ich zeige Dir an einem Beispiel eines Personaldienstleisters eine mögliche Variante der Kaltakquise. Diese kannst Du mit einem Tabellenprogramm nachbauen.

1. Gesprächseinstieg	
Begrüßung	Einen wunderbaren Morgen, Herr Müller, mein Name ist Sascha Kronberg, von ABC aus Berlin.
Eisbrecher und Small Talk	Eine tolle Wartemusik haben Sie da! Da mag man gerne zweimal anrufen! Kann man Musikwünsche äußern?
Verknappung 1	Gut, dass ich Sie noch erreiche. Ich hoffe, ich bin nicht zu spät!
Referenzen	Ich mache es kurz. Wir sind Partner des Deutschen Hotel- und Gaststättenverbandes und helfen bei der Besetzung offener Stellen der Hotelgruppen X und Y sowie bei familiengeführten Hotels in ganz Deutschland.
Allgemeines Problem der Branche	Viele unserer Hotelpartner klagen über die Auswirkungen des Fachpersonalmangels, speziell im F&B-Bereich. Es kommt häufiger zu krankheitsbedingten Fehlzeiten und einem einhergehenden Rückgang der Kundenzufriedenheit.
Bestätigung mit rhetorischer Frage	Wissen wir nicht alle, wie schwer es ist, einen hervorragenden Service bei knapper Personaldecke abzuliefern? Und das jeden Tag?

Tab. 24: Gesprächseinstieg im Cold Call

Im obigen Gesprächseinstieg ist die Verknappung das Samenkorn und der Einstieg in die glaubhafte Dringlichkeit. Natürlich kannst Du bei Bedarf gänzlich auf Verknappung verzichten.

2A. Die Ausgangslage – der Status quo	
Impact Statement zum Status quo	Sie als renommiertes Hotel – wie lösen Sie für sich das Problem, damit Sie Ihre gute Bewertung nicht einbüßen und keine Stammgäste an den Wettbewerb verlieren?
Folgefrage Variante 1	Welche Auswirkungen haben offene Stellen auf Ihren Hotelbetrieb?
Folgefrage Variante 2	Wie wirkt sich Mehrarbeit auf die Motivation des restlichen Personals aus?
Folgefrage Variante 3	Wie füllen Sie kurzfristig Lücken bei Krankheitsfällen?

Tab. 25: Bedarfsanalyse – Status quo im Cold Call

Die nachfolgenden Fragen 1 bis 3 sind abhängig von der Reaktion auf das Impact Statements, zum Umgang mit dem Problem des Fachkräftemangels.

2B. Die Bedarfsanalyse – Bedarfsweckung	
Auswirkung des Problems mit Referenzen anderer Kunden	Viele unserer Kunden bemerkten erst sehr spät die Auswirkungen auf die Zimmerbelegung und die Umsatzentwicklung des F&B-Bereichs.
Zahlen, Daten, Fakten – Auswirkungen belegen	Das Unternehmen Booking.com hat in einer Studie das Buchungsverhalten in Abhängigkeit der Gästebewertungen verglichen. Ein nachlassender Service führt immer zu Buchungsrückgängen.
Kundenbestätigung einholen	Ihnen wäre es sicher lieber, keine Probleme mit offenen Stellen zu haben, damit einem hervorragenden Service am Gast nichts im Wege steht, oder?

Tab. 26: Bedarfsanalyse – Vom Problem zum Bedarf im Cold Call

Statt zu viele Fragen zu stellen, zeigst Du im Cold Call besser die Konsequenzen auf und untermauerst diese mit unabhängigen Fakten.

3. Die Präsentation Deines Angebots	
Nutzen	Wir sind in der Lage, zügig offene Stellen zu besetzen,
Vorteile	da wir mit allen Hotelfachschulen in DACH kooperieren
Eigenschaft	und direkten Zugang zu all deren Absolventen erhalten.
Dein USP	Im Übrigen haben wir den größten Kandidatenpool in ganz Europa!
Bestätigung des Kunden einholen	Beeindruckend, nicht wahr?

Tab. 27: Produktpräsentation im Cold Call

Der Fokus liegt im Cold Call auf dem Nutzen.

4. Abschluss einleiten – der nächste Schritt	
Der nächste Schritt (CTA)	Gemeinsam mit unserem Rekrutierungsspezialisten würde ich Ihnen in einem zwanzigminütigen Webmeeting zeigen, wie sie alle Serviceprobleme lösen können. Ohne Verpflichtungen.
Verknappung 2	Das Ganze hat nur einen Haken, mein Kollege heiratet in zwei Wochen und geht im Anschluss in die Flitterwochen. Unverschämtheit!
Kosten-Nutzen-Vergleich	Aber es macht doch Sinn, sich kurz auszutauschen, oder? Es kostet Sie nur kurze zwanzig Minuten und eine Tasse Kaffee. Im Anschluss können Sie entscheiden, ob Sie mehr hören möchten.

Tab. 28: Abschluss im Cold Call einleiten

Wie schon in der Gesprächseröffnung ist die Verknappung optional in der Kaltakquise.

5. Abschluss – Termin vereinbaren	
Abschluss	Ich hätte da zwei Termine zum Vorschlag: Passt es am Dienstagvormittag oder besser am Mittwoch darauf, aber dann am Nachmittag?
E-Mail-Adresse	Welche E-Mail-Adresse kann ich für das Senden der Termineinladung nutzen?
Handy	Ich sende Ihnen meine Mobilnummer, falls bei Ihnen etwas kurzfristig dazwischenkommt. Kann ich Sie mobil erreichen, für den Fall, dass die Bahn streikt oder ich anderweitig unpünktlich bin?
Verabschiedung	Prima, Herr Müller. Ich sende Ihnen im Anschluss die Einladung und dann sehen wir uns am Mittwochnachmittag. Ich freue mich. Vielen Dank und auf Wiederhören.

Tab. 29: Abschluss und Terminfindung im Cold Call

Viele vergessen, die Frage nach der E-Mail-Adresse oder nach der Mobilnummer stellen. Mehr als Nein sagen, kann der Kunde nicht, also vergiss nicht, nachzufragen.

Du kannst Dir eine Excel-Vorlage auf der Webseite www.telesalestraining.de/callcanvas kostenlos herunterladen.

13.2 Call Canvas für Deinen Discovery Call

Beim Discovery Call liegt der Fokus stärker auf der Bedarfsanalyse und der Bedarfsweckung. Der Call ist entweder durch einen gemeinsamen Dritten arrangiert oder das Resultat eines vorherigen Treffens. Das Ziel ist es, Appetit auf die Lösung zu machen und eine Sales Demo zu vereinbaren.

1. Gesprächseinstieg	
Begrüßung	Hallo, Herr Müller, ich grüße Sie. Vielen Dank, dass Sie sich heute Zeit genommen haben.
Eisbrecher und Small Talk	Ich hoffe, Sie hatten auf der ITB in Berlin genauso viel Spaß wie ich, auch wenn es wieder mal nicht für viel mehr als das Messegelände gereicht hat.
Verknappung 1	Ich plane gerade ein paar Kundenbesuche bei Ihnen in der Gegend, mal sehen, ob wir es zeitlich hinkriegen uns auf einen Kaffee zu treffen.
Referenzen	Die Motel-One-Gruppe müsste bei Ihnen in der Gegend sein, oder?
Allgemeines Problem der Branche	Wir hatten schon auf der Messe kurz angeschnitten, wie sehr der Fachpersonalmangel die Servicequalität für den Gast beeinträchtigt, und dessen Einfluss auf die Buchungszahlen.
Bestätigung mit rhetorischer Frage	Ich nehme mal an, die Situation hat sich in den letzten zwei Wochen nicht wesentlich geändert, oder?

Tab. 30: Gesprächseinleitung im Discovery Call

2A. Die Ausgangslage –der Status quo	
Impact Statement zum Status quo	Wie ist Ihr Geheimrezept, um offene Stellen schnellstmöglich zu besetzen, damit es nicht zum großen Knall mit den Gästen kommt?
Folgefrage Variante 1	Welche Stellen sind schnell zu besetzen? Welche Positionen brauchen am längsten?
Folgefrage Variante 2	Wenn der F&B-Bereich das Problemkind ist, welche Tools oder Dienstleistungen haben Sie schon ausprobiert?
Folgefrage Variante 3	Welchen Anteil haben F&B-Einnahmen an den Gesamtumsätzen Ihres Hauses?

Tab. 31: Bedarfsanalyse – Status quo im Discovery Call

Im Gegensatz zum Cold Call besitzen wir im Discovery Call genügend gegenseitiges Vertrauen, um Fragen zu stellen:

2B. Die Bedarfsanalyse – Bedarfsweckung	
Das Problem erfragen	Befürchten Sie, dass die fehlende Personaldecke Einfluss auf die Arbeitsmoral und Motivation der restlichen Mitarbeiter hat?
Konsequenz aufzeigen	Führen steigende Überstunden zu erhöhten Kranken- und Fehlzeiten innerhalb der Belegschaft?
Konsequenz der Konsequenz aufzeigen	Inwieweit haben Überstunden, Fehlzeiten und Servicequalität Einfluss auf zukünftige Gästebuchungen?
Bestätigung des Kunden einholen	Wäre es nicht sinnvoll, diesen Teufelskreis zu durchbrechen und diesen Irrsinn zu stoppen? Stellen Sie sich das mal vor, keine weiteren graue Haare mehr!

Tab. 32: Die Bedarfsanalyse – Problem zum Bedarf im Discovery Call

Einfachhalber hebe ich einen einzelnen USP hervor und nenne nur ein dazu passendes Nutzen-Vorteil-Eigenschaft-Argument. Du kannst natürlich weitere Argumente anbringen und bis zu zwei weitere Module für die Lösung hinzufügen.

3. Die Präsentation Deines Angebots	
Nutzen	Unsere Kunden profitieren von einer schnellen Besetzung offener Stellen,
Vorteile	In der Regel sind wir in der Lage, für jede Position gleich mehrere Kandidaten präsentieren zu können, die zu Ihren Anforderungen passen.
Eigenschaft	Durch unsere Kooperationen mit den Hotelfachschulen in der Schweiz, Österreich und Deutschland haben wir Zugang zu einem großen Pool an Absolventen und Young Professionals, mit denen wir seit Jahren den Kontakt halten.
Dein USP	Durch unser digitales Netzwerk sind wir nur eine E-Mail entfernt und wir befinden uns auf fast allen Handys Ihrer zukünftigen Kollegen.
Bestätigung des Kunden einholen	Wie würden Sie die gewonnene Zeit nutzen, die sie nicht mehr für die Rekrutierung ausgeben? Haben wir nicht alle mal ein paar freie Tage nötig?

Tab. 33: Produktpräsentation im Discovery Call

4. Abschluss einleiten – der nächste Schritt	
Der nächste Schritt (CTA)	Herr Müller, ich würde Sie gerne bei einer Tasse Kaffee bei Ihnen im Hause treffen. Sie haben den Kaffee und ich bringe den Kuchen. In einer knappen halben Stunde zeige ich Ihnen, wie Sie im Detail profitieren würden.
Verknappung 2	Ich bin in den nächsten zwei Wochen bei Ihnen in der Gegend. Es wäre prima, wenn wir die Zeit nutzen könnten.
Kosten-Nutzen-Vergleich	Das, was ich Ihnen zeige, wird Ihr Hotel grundlegend verändern und die Servicequalität komplett neu definieren. Alles für eine Tasse Kaffee und ein wenig Zeit. Sie können es sich hinterher überlegen, ob Sie es allein umsetzen wollen oder mit einem starken Partner wie uns an Ihrer Seite. Völlig ohne Risiko.

Tab. 34: Abschluss einleiten im Discovery Call

5. Abschluss – Termin vereinbaren	
Abschluss	Wie sieht Ihre Verfügbarkeit am 13. bis 15. aus? Zeitlich bin ich noch flexibel.
E-Mail-Adresse	Ich schicke Ihnen eine passende Einladung. In meiner Signatur haben Sie dann alle Kontaktdaten von mir, für den Fall der Fälle.
Handy	Könnten Sie mir bitte Ihre Mobilnummer geben, sodass ich anrufen kann, falls mein Navi sich verfährt?
Verabschiedung	Herr Müller, danke für das Gespräch und Ihre Zeit. Ich freue mich schon auf unser Treffen bei Ihnen. Vielen Dank und auf Wiederhören.

Tab. 35: Terminvereinbarung im Discovery Call

13.3 Call Canvas für Dein Verkaufsgespräch

Die Produktpräsentation, die Sales Demo oder das Verkaufsgespräch ähneln den Discovery Call, gehen aber konkreter auf die Herausforderungen des Kunden ein.

1. Gesprächseinstieg	
Begrüßung	Hallo, Herr Müller, vielen Dank, dass Sie sich die Zeit nehmen. Ich verspreche, dass sie gut investiert ist.
Eisbrecher und Small Talk	Ich habe heute sogar ausgeschlafen und bin fit wie ein Turnschuh. Ich hoffe, Sie haben ebenso Lust und gute Laune mitgebracht?
Verknappung 1	Mein Chef hat sich nicht lumpen lassen und hat mir eine Überraschung für Sie mitgegeben, dazu komme ich später.
Referenzen über Dein Unternehmen	Ich möchte Ihnen gar nicht viel über unser Unternehmen erzählen. Nur so viel: Wir sind seit fünfzehn Jahren auf dem Markt und arbeiten mit den erfolgreichsten Hotelgruppen und Boutiquehotels im deutschsprachigen Raum. X, Y und Z-Hotels sprechen für sich. Ich bin von Beginn an dabei und habe schon alles gesehen.
Allgemeines Problem der Branche	Wir helfen Hotels bei der Besetzung offener Stellen, um den Auswirkungen des Fachkräftemangels auf die Servicequalität und Zufriedenheit der Gäste etwas entgegenzusetzen.
Bestätigung mit rhetorischer Frage	Wissen wir nicht alle, dass es durch vakanzenbedingte Qualitätseinbußen zu schlechten Bewertungen kommt, die neue Gäste abschrecken und den Stress der Mitarbeiter weiter erhöhen?

Tab. 36: Gesprächseinstieg im Sales Meeting

2A. Die Ausgangslage – der Status quo	
Impact Statement zum Status quo	Wie viele offene Stellen müssen Sie im Schnitt jährlich besetzen, damit Sie die Servicequalität aufrechterhalten können, um Beschwerden der Gäste zu vermeiden?
Folgefrage Variante 1	Wie gut sind die Bewerber, die sich aktiv auf Stellen bewerben?
Folgefrage Variante 2	Wie lang dauern der Vorstellungsprozess und die Koordination unterschiedlicher Fachabteilungen?
Folgefrage Variante 3	Sind die Bewerber zahlenmäßig ausreichend, um mittelfristig Ihren Bedarf zu decken?

Tab. 37: Bedarfsanalyse der Status quo im Verkaufsgespräch

In diesem Beispiel kann ich aus den vorliegenden Situationen mögliche Probleme ableiten, die ich mit meinem Produkt lösen kann. Im nächsten Modul behandle ich das Dringendste der möglichen Probleme (Qualität, Zeit oder Menge).

A. Bedarfsweckung: QUALITÄT der Bewerber

2B. Die Bedarfsanalyse – Bedarfsweckung	
Das Problem erfragen	Merken Sie manchmal, dass die Qualität vieler Bewerber nicht ausreicht, um den von Ihnen geforderten Standard abzubilden?
Konsequenz aufzeigen	Befürchten Sie manchmal, dass Sie gezwungenermaßen Kandidaten anstellen müssen, die im Job noch einiges lernen müssen?
Konsequenz der Konsequenz aufzeigen	Welchen Einfluss hat es auf die Abteilungsleiter und deren Arbeitspensum, wenn Sie gleichzeitig ausbilden müssen?
Bestätigung des Kunden einholen	Welche Auswirkungen haben zu viele Überstunden auf die Leistungsfähigkeit Ihres Schlüsselpersonals?

Tab. 38: Bedarfsanalyse im Verkaufsgespräch – von Problem (Qualität) zu Bedarf

B. Bedarfsweckung: ZEIT im Bewerbungsprozess

2B. Die Bedarfsanalyse – Bedarfsweckung	
Das Problem erfragen	Befürchten Sie manchmal, dass durch die Koordination mit den Fachabteilungen der Prozess von Vorstellung bis Einstellung zu lange dauert?
Konsequenz aufzeigen	Wie wirken sich längere Abstimmungszeiten und Feedback-schleifen auf die Attraktivität Ihres Hauses aus?
Konsequenz der Konsequenz aufzeigen	Im Vergleich zu anderen Hotels – welchen Stellenwert haben schnelle Entscheidungen und eine klare Feedbackkultur bei Ihnen?
Bestätigung des Kunden einholen	Wie viel einfacher wäre es für Sie, wenn Sie im Kampf um Talente eine bessere Ausgangssituation hätten?

Tab. 39: Bedarfsanalyse im Verkaufsgespräch – von Problem (Zeit) zu Bedarf

Adressiere weitere Probleme, sollte Dein Kunde hierfür empfänglich sein.

A. Präsentation: QUALITÄT der Bewerber

3. Die Präsentation Deines Angebots	
Nutzen	Wir sind in der Lage, eine sehr hohe Qualität an Bewerbern für alle Ihrer offenen Stellen zu liefern.
Vorteile	Durch ein Screening vorab können wir Kandidaten anhand Ihrer Anforderungen auswählen.
Eigenschaft	Das gelingt nur weil wir direkt mit Hotelfachschulen in der Schweiz, Österreich und Deutschland zusammenarbeiten und daher über einen Kandidatenpool verfügen, um den uns andere wegen seiner Größe beneiden.
Dein USP	Unsere einzigartige Community aus Young Professionals ist die größte Branchencommunity für das Hotel- und Gaststättengewerbe im deutschsprachigen Raum.
Bestätigung des Kunden einholen	Wie viel Zeit und Geld würden Sie sparen, wenn Sie offene Stellen sofort nachbesetzen könnten, ohne dass es zu Unterschreitungen in der Servicequalität kommt?

Tab. 40: Produktpräsentation im Verkaufsgespräch (Qualität)

B. Präsentation: ZEIT im Bewerbungsprozess

3. Die Präsentation Deines Angebots	
Nutzen	Außerdem sind wir in der Lage, Ihren Rekrutierungsprozess deutlich zu verkürzen, um Ihre Attraktivität als Arbeitgeber mir schnelleren Entscheidungen zu erhöhen.
Vorteile	Dadurch, dass jeder Fachentscheider von seinem Handy aus Zugriff auf die Profile und Bewertungsbögen hat, verkürzt sich die Feedbackschleife um ein Vielfaches.
Eigenschaft	Unsere App macht es allen eingebundenen Abteilungsleitern leicht, Kandidaten zu sichten und zu bewerten.
Dein USP	Die einzigartige einfache Bedienung ist intuitiv und kann von jedermann bedient werden.
Bestätigung des Kunden einholen	Es wäre doch sicherlich sinnvoll, einerseits Zeit im Bewerbungsprozess einzusparen und andererseits das -weiter zu verbessern, um an Attraktivität zu gewinnen, oder?

Tab. 41: Produktpräsentation im Verkaufsgespräch (Zeit)

Präsentiere alle relevanten Eigenschaften und Nutzen Deines Angebots – aber halte es einfach und überschaubar!

4. Abschluss einleiten – der nächste Schritt	
Der nächste Schritt (CTA)	Gerne senden wir Ihnen als Beweis unserer Qualität für eine Ihrer dringendsten zu besetzenden Stellen drei Lebensläufe nach Ihren Anforderungen zu.
Preis	Standardmäßig berechnen wir eine Vermittlungsgebühr von 10 Prozent des Bruttoarbeitslohns. Dafür entfallen für Sie alle anderen Kosten für Stepstone, Monster und Co.
Verknappung 2	Mein Chef hat zugesichert, dass Sie keine Vermittlungsgebühr zahlen müssen, wenn Sie sich innerhalb der nächsten acht Wochen für einen Kandidaten entscheiden und Sie zukünftig mit uns zusammenarbeiten wollen.
Kosten-Nutzen-Vergleich	Sie geben mir doch Recht, dass es nicht schaden kann, drei passende Lebensläufe zu bekommen, um selbst die Qualität beurteilen zu können, oder?
Risiko beschränken	Sie können selbst entscheiden, ob Sie die Kandidaten einladen oder einstellen möchten. Völlig ohne Risiko!

Tab. 42: Abschluss einleiten im Verkaufsgespräch

5. Abschluss – Termin vereinbaren	
Abschluss	Herr Müller, ich würde Ihnen gerne eine Zusammenfassung mit allen Details per E-Mail senden. An wen muss mich wenden, wegen der Kandidatenprofile?
Follow-up	Wann soll ich mich zur Auswertung der Kandidatenprofile wieder melden? Passt es am 18.? Gleiche Zeit wie heute?
E-Mail-Adresse	An welche E-Mail-Adresse kann ich es senden? Wen soll ich in Kopie setzen?
Handy oder Durchwahl	Ich sehe, ich habe Ihre Durchwahl noch nicht. Wie kann ich Sie am besten erreichen?
Abschied	Vielen Dank, ich sende Ihnen alles zu und melde mich am 18. für ein kleines Feedback.

Tab. 43: Abschluss im Verkaufsgespräch

Mach es Dir einfach und lade Dir kostenlos den Call Canvas für Deine Verkaufsgespräche herunter. Gehe dazu einfach auf www.telesalestraining.de/callcanvas. Happy Selling!

Epilog

Storytime: Das Ende der Donaufahrt

Zwei Jahre später saßen Stephan und ich in einem Café neben dem Marriott an der Donaupromenade und nippten an einem ungarischen Bier. Zwischen zwei Brücken sahen wir auf das Stadtschloss, das sich im frühen Sonnenuntergang langsam orange färbte. Es lief Musik von »Café del Mar«, passend für einen entspannten Abend. Es war eine wunderschöne Szene an einem lauen Frühsommerabend – nur passte diese überhaupt nicht zu Stephans und meiner Stimmung. Ich fühlte die Last des Abschieds auf meinen Schultern. Das alles hier war mir sehr ans Herz gewachsen.

Nach einer Weile durchbrach Stephan die Stille. »Ungarisches Bier ist wirklich nicht meins«, sagte er trocken und stellte sein Glas weg. Ich zuckte mit den Schultern. »Vielleicht hätten wir einfach Rotwein nehmen sollen.« Er nickte leicht und meinte dann: »Lass uns noch was essen gehen – da um die Ecke ist ein guter Italiener. Da gehe ich mit ihr oft hin.« Die Rede war von Krisztina, Stephans ungarischer Freundin. »Wir könnten sie mitnehmen und noch mal die Zeit genießen, bevor der Umzugsstress losgeht«.

...

Nach zwei sehr erfolgreichen Jahren stand der nächste Wechsel an: Das Unternehmen wollte weiter expandieren, diesmal in Deutschland. Völlig aufgeregt hatte mich im Februar des Jahres eine Berliner Kollegin angerufen und mich um Rat gebeten. Sie wollte für Marvin ein Büro in München eröffnen, das war ihr großer Traum.

»München? Hast Du Dir schon mal überlegt, wer für 700 Euro das Risiko eingeht, fast ausschließlich auf ständig fließende Provisionen angewiesen zu sein?«, wetterte ich. »Und das in einer Stadt, in der man für eine Wohnung schon fast ein kleines Vermögen zahlt? Und hast Du eine Idee, wo Du einen attraktiven Bürostandort findest, der Dich nicht gleich jeden Monat ein Arm und ein Bein kostet?«
»Ja, aber wir sind doch auch in London und New York und da ist es schließlich noch teurer als in Schwabing!«
»Stimmt – aber Marvin geht's nicht ums Prestige, sondern um Rendite. Berlin ist gesättigt – er will mit wenig Einsatz schnell Gewinn sehen.«
»Kannst Du mir nun helfen, oder nicht?«

Ein paar Wochen lang coachte ich die Kollegin. Sie schaltete Anzeigen, um das Interesse des Arbeitsmarkts zu testen, schaute nach Optionen für Büros. Aber Bewerbungen kamen nur schleppend und hauptsächlich von Menschen, die Events organisieren statt verkaufen wollten. Die Büros waren entweder zu teuer oder hatten utopische Mindestlaufzeiten. Marvins Nerven waren schnell gereizt. Nach vielem Hin und Her riss ihm der Geduldsfaden. Kurzerhand übertrug er mir die Aufgabe. »Sascha – wenn Du im Hintergrund die Arbeit tust und ihr rätst, was sie machen soll, dann können wir auch gleich Dich dafür nehmen«, sagte er mir.

...

Als es darum ging, einen neuen Standort zu wählen, schlug ich Leipzig vor. Der lokale Slang war nicht so durchwachsen wie in Dresden, was damals für Telesales und in Gesprächen mit den westlichen Bundesländern von großem Vorteil war. Außerdem war die Stadt lebenswert. Es gibt Menschen, die nach Leipzig ziehen und einfach eine bezahlbare Wohnung finden. Auch war es einfacher, mit einem schmalen Fixum zu überleben, weil der Lebensunterhalt bezahlbar war. Später sollte sich herausstellen, dass die Wahl goldrichtig gewesen war.

Als neue Bleibe hatte ich das Marriott gebucht, das für den Anfang unser neues Zuhause wurde. Neben der Bürosuche in der Innenstadt führten wir Gespräche mit Bewerbern, die unsere neue Truppe formten. Schnell erkannte ich, dass es zum Erfolg eine einfache Formel führt: motivierte Kollegen, die wissbegierig und erfolgshungrig sind. Der Schlüssel zum Erfolg ist der Glaube an sich selbst. Das änderte alles in deren Leben.

Wir führten nach nur sechs Monaten das Leipziger Büro in die Gewinnzone. Wir hatten sogar noch mehr Verkäufer als in Budapest. Und es sollte nicht mein letztes Büro bleiben – ab diesem Moment war ich fester Bestandteil der jährlichen Reviews mit Marcus höchstpersönlich. Ich war nicht mit allem einverstanden, was er tat – aber ich hatte viel gelernt. Vor allem eines: Wie man ein Sales Team aufbaut, wie man Menschen in Bewegung bringt – und wie viel möglich ist, wenn man sich nicht auf Glück verlässt, sondern auf Methode.

Der Call Canvas war zu dieser Zeit längst fester Bestandteil meiner Einarbeitungsarbeit geworden. Für jedes neue Teammitglied war es eine erfolgskritische Aufgabe, sich damit auseinanderzusetzen – nicht auswendig lernen, sondern anwenden. Jeder sollte die Regeln und Leitlinie verinnerlichen, seine Wirkung spüren, ihn anpassen dürfen – und schließlich selbst leben.

Mit der Zeit wurde mir klar: Nicht nur ich war gewachsen. Auch das, was ich vermittelt hatte, hatte gewirkt. Ich war kein Anfänger mehr, der improvisiert – ich war ein Sales Insider geworden. Erfolg ist kein Zufall, sondern das Zusammenspiel vieler Bausteine. Den Bedarf wirklich verstehen, die richtigen Fragen stellen – das waren keine trockenen Theorien, sondern lebendige Werkzeuge im Alltag. Vom strukturierten Ablauf der Verkaufsetappen über echtes Zuhören mit Empathie bis hin zur cleveren Einwandbehandlung und packendem Storytelling – alles fügte sich zusammen.

Und genau darum geht es: nicht nur erfolgreich zu verkaufen, sondern zu verstehen, warum. Und das Wissen weiterzugeben. Das war mehr als ein Job. Das war ein Beruf mit Berufung.

Über den Autor

Sascha Kronberg hat im Vertrieb alles erlebt – vom ersten nervösen Kaltakquise-Anruf mit zittriger Stimme bis hin zur Verantwortung für ein internationales Vertriebsteam mit über 120 Mitarbeitenden und Millionenumsätzen. Seine Karriere führte ihn von BMW zum Direktvertrieb eines globalen Kongressanbieters, wo er schnell merkte: Vertrieb ist kein Produktpitch – sondern Psychologie, Timing und Persönlichkeit. Sein prägendster Abschnitt? Eine Telesales-Einheit im Hochdruck-Modus: tägliche Zielvorgaben, unbarmherzige Quoten und eine Teamdynamik, die zwischen Adrenalin und Burn-out schwankte. »Wer da bestehen will, muss verkaufen können – oder geht unter.« Er entschied sich fürs Verkaufen und kreierte den Call Canvas als modularen Baukasten für frische Verkäufer. Mithilfe dieser Schritt-für-Schritt-Anleitung ließen sich alle Bausteine für den Vertriebserfolg seiner Teams zusammenfügen. Seit 2016 ist er als selbstständiger Vertriebstrainer tätig – direkt, ehrlich, mit einem klaren Fokus: Menschen im Vertrieb wirklich besser zu machen. Echte Praxis, echte Gespräche, echte Resultate. Dieses Buch ist eine Einladung, Verkaufsgespräche besser und erfolgreicher zu gestalten – menschlicher, klarer, wirksamer. Sascha berichtet mit viel Erfahrung, einer Prise Selbstironie und dem festen Glauben daran, dass gute Verkäufer nicht geboren, sondern gemacht werden.

Über den Autor

[illegible]

Endnoten

1 Quelle: Prof. Dr. Klaus Schäfer, Universität Bayreuth, Inhaber des Lehrstuhls für BWL I: Finanzwirtschaft und Bankbetriebslehre. https://www.gabler-banklexikon.de/definition/binomial-baum-56336, abgerufen am 07.05.2025.

2 Quelle: https://de.wikipedia.org/wiki/Stochastischer_Prozess, abgerufen am 07.05.2025.

3 Voss, Chris/Thal, Raz (2017), Kompromisslos verhandeln: Die Strategien und Methoden des Verhandlungsführers des FBI, Originaltitel: Never Split the Difference (2016).

4 Watzlawick, Paul (2016), Menschliche Kommunikation: Formen, Störungen, Paradoxien, Hogrefe AG; 13., unveränd. Edition, ISBN: 978-3456857459.

5 Mehrabian, Albert (2007), Nonverbal Communication, Routledge, ISBN: 978-0202309668

6 Geier, John G. (Hrsg.) (1979), Emotions of Normal People von William Moulton Marston, mit der Einleitung und Interpretations: References, and a Presentation of a New Construct – Situation Perception Analysis von John G. Geier, Persona Press.

7 Carr, Allan (2012), Endlich Nichtraucher!, Goldmann Verlag; 72. Edition, ISBN: 978-3442174027.

8 Belford, Jordan (2014), Der Wolf der Wall Street. Die Geschichte einer Wall-Street-Ikone, Goldmann Verlag; 1. Edition, ISBN: 978-3442478132.

PI13151063
9451524